BRÜNHILDE JOUANNIC ET LILIANA TINOCO

Objectif Versailles

LE GUIDE DES VISITES EN FAMILLE

ACTES SUD JUNIOR
CHÂTEAU DE VERSAILLES

Sommaire

VERSAILLES EN QUELQUES CHIFFRES

- 4,7 millions de visiteurs par an pour le château
- 7,5 millions de visiteurs par an sur l'ensemble du site
- 850 hectares de parc
- 250 000 arbres
- 210 000 fleurs plantées chaque année
- 55 fontaines
- 11 hectares de toitures
- 700 pièces
- 2 153 fenêtres
- 352 cheminées
- 15 000 m² de plancher
- 67 escaliers
- 6 300 peintures
- 2 100 sculptures
- 5 000 objets d'art

Suivez le guide...

Le château de Versailles est certainement la résidence royale la plus connue dans le monde par la grandeur de son domaine, la splendeur de ses jardins et la magnificence de ses intérieurs. Cette demeure nous dévoile une partie de l'histoire de France. Sur la base d'un pavillon de chasse du roi Louis XIII, son fils Louis XIV construit un éblouissant château à l'échelle de sa conception de la monarchie absolue.

Après la mort de Louis XIV en 1715, Louis XV, son arrière-petit-fils, poursuit son œuvre. Viennent les événements révolutionnaires de 1789 qui contraignent Louis XVI et Marie-Antoinette à quitter ce site exceptionnel. Trois ans plus tard, la monarchie est abolie. Puis Napoléon Ier, Louis XVIII et Charles X s'emploient à la restauration du château, bien qu'ils ne l'occupent pas. C'est Louis-Philippe qui décide de le transformer, en 1837, en musée dédié à "toutes les gloires de la France".

Cet ouvrage vous fera découvrir les lieux incontournables et les nombreux chefs-d'œuvre que renferme Versailles. Il vous permettra de visiter, en famille, des espaces chargés d'histoire, marqués de l'empreinte des rois, des reines et de tous ceux qui y ont vécu.

Mais au-delà des lieux accessibles en visite libre et présentés dans ce guide, vous pourrez également admirer des lieux plus intimes (appartements intérieurs, appartements de Marie-Antoinette, etc.), au cours de nombreuses visites-conférences.

INFOS PRATIQUES

Le château de Versailles est ouvert tous les jours sauf le lundi
Du 1er avril au 31 octobre de 9 h à 18 h 30 (dernière admission : 18 h)
Du 1er novembre au 31 mars de 9 h à 17 h 30 (dernière admission : 17 h)
Fermetures exceptionnelles : 25 décembre, 1er janvier, 1er mai

Les horaires d'ouverture des jardins, des châteaux de Trianon et du domaine de Marie-Antoinette sont donnés dans les pages correspondantes.

Renseignements et réservations : 01 30 83 78 00 – www.chateauversailles.fr

L'art de Versailles

L'architecture extérieure de Versailles associe l'ordre de l'art classique français et la fantaisie de l'art baroque. En 1661, Louis XIV commence les grands travaux d'agrandissement du château de Versailles. Le petit château de son père Louis XIII est embelli de colonnes de marbre, de balcons en fer forgé et doré, de bustes antiques et de statues. Louis XIV fait appel à l'architecte Louis Le Vau pour l'agrandissement, puis à l'architecte Jules Hardouin-Mansart pour la poursuite des transformations qui s'étendent sur une cinquantaine d'années. Versailles devient le symbole du grand siècle du classicisme français.

▲ *La grille royale.*

Quelles sont les trois cours du château ?
La grille d'entrée du château de Versailles ouvre sur la cour d'Honneur. Dans son prolongement, une seconde grille mène à la cour Royale. Seuls certains nobles pouvaient y accéder en carrosse. On trouve au fond la cour de Marbre, entourée des bâtiments qui datent de Louis XIII.

L'horloge de la cour de Marbre

L'horloge de la cour de Marbre règle la vie de la cour selon un strict emploi du temps. Du lever au coucher, les courtisans doivent suivre et respecter un code de conduite : l'étiquette.

▲ **François Girardon (1628-1715), Gaspard Marsy (1624-1681), *Horloge de la cour de Marbre*, 1679.**

Rois et reines à Versailles

Louis XIII, Louis XIV, Louis XV et Louis XVI, représentants de la famille des Bourbons, se sont succédé sur le trône de France de 1610 jusqu'à la Révolution française. Ils sont tous liés à l'histoire et au destin du château de Versailles.

Le sacre des rois est toujours célébré dans la cathédrale de Reims. Lors de cette cérémonie, le roi reçoit une onction sacerdotale qui lui confère alors le rôle de "commandant de Dieu".

L'épouse du roi obtient le titre de reine de France et a pour rôle principal d'assurer la succession de la dynastie en mettant au monde des garçons. Les mariages princiers permettent de conclure des alliances diplomatiques entre les nations. Dans le cas où le roi régnant décède avant la majorité du dauphin (treize ans), la reine peut devenir régente et assumer le gouvernement du royaume.

CHRONOLOGIE DES RÈGNES DES ROIS

(BOURBONS)

Louis XIII : 1610-1643

Louis XIV : 1643-1715

Régence : 1715-1723

Louis XV : 1715-1774

Louis XVI : 1774-1792

République, Consulat et Empire : 1792-1814

Louis XVIII : 1814-1824

Charles X : 1824-1830

(ORLÉANS)

Louis-Philippe Ier : 1830-1848

Louis XIII, Anne d'Autriche, Louis XIV, Marie-Thérèse, Louis XV, Marie Leszczynska, Louis XVI, Marie-Antoinette, Louis-Philippe.

Louis XIII (1601-1643), dit "le Juste", le premier roi à Versailles

Fils d'Henri IV et de Marie de Médicis, il naît en 1601. En 1610, il remplace son père sur le trône ; comme il est trop jeune pour gouverner, la régence est assurée par sa mère qui l'écarte du pouvoir jusqu'à sa majorité. En 1615, il épouse Anne d'Autriche avec laquelle il aura deux enfants. Il prend véritablement les rênes du gouvernement en 1617 en faisant assassiner Concini, le favori de sa mère, qui ne semble pas disposé à le laisser gouverner.
Louis XIII est le premier roi à avoir séjourné à Versailles, lieu qu'il découvre en chassant, car le gibier y est abondant. Il décide d'y faire construire un petit pavillon de chasse afin de ne pas retourner au Louvre le soir.

▲ Justus Van Egmont (1601-1674), *Le roi Louis XIII représenté en armure, assis près d'une table (1601-1643).*

Un roi au caractère ambigu

Sur ce tableau, le roi est habillé en apparat militaire, arborant collerette et manchettes de dentelle ainsi qu'une perruque brune. Son visage aux traits réguliers nous présente un personnage au caractère timide et rêveur. Cependant, Louis XIII peut se montrer parfois extrêmement dur et tranchant.

Quelle est la politique de Louis XIII ?
Aidé de son ministre, le cardinal de Richelieu, il travaille à rétablir l'autorité royale. Tous deux développent la marine et le commerce, et luttent contre les protestants. Cependant, en 1635, en engageant la France dans la guerre de Trente Ans qui fait rage depuis 1618 en Europe, Louis XIII déséquilibre son royaume. L'augmentation des impôts provoque de sanglantes révoltes paysannes. Cette guerre, commencée pour des motifs religieux entre catholiques et protestants, s'achève en 1648.

▲ Atelier de Philippe de Champaigne (1602-1674), *Armand-Jean du Plessis, cardinal de Richelieu (1585-1642)*, v. 1639.

Qu'est-ce que le protestantisme ?
Au XVIe siècle, à la suite de Martin Luther, théologien allemand, un mouvement religieux critique les abus de l'Église catholique et réclame une réforme, ce qui aboutit à la création d'une nouvelle religion : le protestantisme. Pour les protestants, la Bible est au-dessus de tout. Ils rejettent le culte de la Vierge et des saints ; ils ne reconnaissent pas l'autorité du pape. Les guerres entre catholiques et protestants ensanglanteront les XVIe et XVIIe siècles.

Anne d'Autriche (1601-1666), une régente

Née le 22 septembre 1601 à Valladolid en Espagne, Anne d'Autriche est la fille du roi Philippe III d'Espagne et de l'archiduchesse Marguerite d'Autriche.
Le 18 octobre 1615, elle épouse Louis XIII par procuration, mais le mariage est véritablement célébré le 21 novembre à Bordeaux. Anne d'Autriche réside essentiellement au Louvre et devient régente à quarante-deux ans.
Elle décède en 1666.

◂ D'après Pierre Paul Rubens (1577-1640), *Anne d'Autriche, infante d'Espagne, reine de France (1601-1666)*, v. 1625.

Une union placée sous le signe du désaccord

D'une beauté remarquable et d'une grande piété, la reine n'est pas parvenue à s'entendre avec son mari. Louis XIII l'a toujours considérée comme une ennemie, du fait de sa nationalité espagnole. En 1635, la France déclare la guerre à l'Espagne, mettant une fois de plus Anne d'Autriche dans une situation délicate. Louis XIII remplace alors les dames de compagnie de la reine par des Françaises. Il n'a cessé de désapprouver le fait qu'Anne d'Autriche tente de se mêler des affaires de la couronne.

Une descendance longtemps attendue

Un autre fait joue en la défaveur de la reine : elle rencontre des difficultés à donner des enfants à la France. La naissance de son premier fils n'arrive que près de vingt-trois ans après son mariage. Elle donne alors le jour à Louis Dieudonné, le futur Louis XIV, puis en 1640 à son frère Philippe de France.

La reine Anne d'Autriche représentée assise et présentant Louis XIV enfant alors dauphin (avant 1643).

Comment Anne d'Autriche est-elle devenue régente ?
À la mort de Richelieu en 1642, Louis XIII nomme Premier ministre le cardinal Mazarin. En 1643, le roi décède. Anne d'Autriche devient régente du royaume. Elle fait casser le testament de son défunt époux par le Parlement, jugeant qu'on ne lui accorde pas assez de prérogatives pour régner.

Mazarin, précepteur de Louis XIV

Mazarin se charge de l'éducation du petit Louis XIV et le confronte rapidement aux responsabilités d'un monarque. Cependant, Louis XIV devra attendre la mort du cardinal pour pouvoir véritablement régner. Mazarin, grand collectionneur d'objets d'art, a fait naître chez Louis XIV son goût et sa passion pour l'art.

Cardinal Jules Mazarin, v. 1650.

Louis XIV (1638-1715), un monarque tout-puissant

Fils de Louis XIII et d'Anne d'Autriche, Louis XIV naît le 5 septembre 1638 à Saint-Germain-en-Laye. À la mort de son père, Louis XIV n'a que cinq ans. Sa mère, Anne d'Autriche, devient alors régente et gouverne avec le cardinal Mazarin. Son enfance est fortement marquée par la Fronde (1648-1653), rébellion de la haute noblesse et du peuple de Paris, qui se déchaîne devant l'augmentation des impôts et des taxes. Il n'oubliera jamais cet événement.

Un roi mécène

Le Roi-Soleil est passionné par le théâtre, la danse et la musique. Il joue lui-même très bien de la guitare. Il s'entoure des meilleurs artistes. Il protège Molière, Racine, Lully, Le Brun et Le Nôtre. Il crée de nombreuses académies : peinture et sculpture, littérature et sciences, musique. Il est également un formidable urbaniste, comme en témoignent la construction de la place Vendôme, le pont Royal, la colonnade du Louvre, Marly, Versailles, etc.

◂ Jacques-Firmin Beauvarlet (1731-1797), *Jean-Baptiste Poquelin (1622-1673) dit Molière.*

La réorganisation du pouvoir politique

À la mort de Mazarin en 1661, Louis XIV s'impose en monarque tout-puissant. Il supprime le poste de Premier ministre. Il préside les conseils et gouverne entouré de ministres dévoués et compétents : Colbert se charge des finances, du commerce et de la marine. Louvois s'occupe de la guerre. Quant à son conseiller Vauban, il fortifie les frontières.

▲ Joseph Werner dit le Jeune (1637-1710?), *Louis XIV en armure en 1663.*

Quelle est la politique religieuse de Louis XIV ?
Le 18 octobre 1685, l'édit de Nantes, qui autorisait dans une certaine mesure le libre culte aux protestants, est révoqué. Près de trois cent mille personnes sont obligées de quitter la France pour fuir les persécutions. Désormais, la religion catholique est la religion d'État. Le roi écarte sévèrement ceux qui la contestent.

Quelle est l'ambition de Louis XIV ?
Tout au long de son règne, Louis XIV s'engage dans de multiples guerres afin de montrer la toute-puissance de la France à l'étranger, et crée de nombreuses institutions qui perdurent. Le pays acquiert dès lors une immense influence économique et politique.

Marie-Thérèse (1638-1683), une reine au rôle et à la personnalité effacés

Née en 1638 en Espagne, Marie-Thérèse est la fille du roi d'Espagne Philippe IV et d'Élisabeth de France, sœur de Louis XIII. Elle épouse Louis XIV et lui donne six enfants qui décèdent tous en bas âge, à l'exception du Grand Dauphin. On pense que ces mortalités sont dues à une consanguinité, Marie-Thérèse et Louis XIV étant cousins germains. À son arrivée à Versailles, cette reine timide et effacée ne parle pas un mot de français, ce qui la tient à l'écart de la cour.

Un mariage pour sceller la paix

Elle épouse Louis XIV à Saint-Jean-de-Luz en 1660. Ce mariage réconcilie l'Espagne et la France, autrefois en guerre, et qui ont signé le traité des Pyrénées (7 novembre 1659). Tout au long de son mariage, elle souffre beaucoup des infidélités de son mari, qui lui porte peu d'intérêt.

› Charles Beaubrun (1604-1692), Henri Beaubrun (1603-1677), *Portrait en pied de la reine Marie-Thérèse, infante d'Espagne, en grand costume royal.*

Quelles sont ses occupations ?
Marie-Thérèse est très pieuse ; elle s'occupe des malades et des pauvres à l'hôpital de Saint-Germain-en-Laye. Elle aide également les jeunes filles nobles, dont les parents sont ruinés, en leur octroyant des dots.

Quel rôle pour la reine ?
Son caractère ne la pousse pas vraiment à s'occuper des affaires du royaume. Marie-Thérèse est en effet plutôt habituée à suivre discrètement son mari lors de ses déplacements à travers la France.

Office de la Semaine Sainte aux armes de Marie-Thérèse d'Autriche, reine de France, 1660.

Une mort discrète

Marie-Thérèse tombe gravement malade et décède en 1683, ne suscitant qu'une légère peine à Louis XIV qui s'exclame tout de même : "Voilà le premier chagrin qu'elle m'ait donné."

Louis XV (1710-1774), dit "le Bien-Aimé", un roi cultivé

Fils du duc de Bourgogne et de Marie-Adélaïde de Savoie, Louis XV est l'arrière-petit-fils de Louis XIV. Il devient dauphin en 1712, et roi en 1715. Après la régence de son grand-oncle, Philippe d'Orléans, il prend les rênes du pouvoir en 1723, à l'âge de treize ans. Cultivé et d'une remarquable intelligence pour son jeune âge, il doute pendant longtemps de ses qualités. En 1725, il épouse Marie Leszczynska, la fille du roi de Pologne, avec laquelle il aura dix enfants.

Une passion pour les sciences

Louis XV est passionné par la géographie et l'histoire, mais aussi par les sciences comme la médecine, l'astronomie et la botanique. Il entreprend avec le célèbre botaniste Linné de répertorier et de classifier toutes les espèces de plantes connues. Il demande ensuite à Jussieu, un autre botaniste, de créer en 1759 un jardin botanique dans le parc du Trianon. Louis XV est également un grand collectionneur d'objets scientifiques tels que les horloges, les baromètres, les microscopes et les télescopes. Plusieurs géographes et astronomes travaillent pour lui afin de réaliser l'une des premières cartes de France (carte de Cassini). C'est aussi à Versailles qu'est instituée l'heure légale du pays, grâce au méridien.

▸ Jacques Caffieri (1678-1755), Philippe Caffieri (1714-1774), Louis Dauthiau (1730-1809), Claude-Siméon Passemant (1702-1769), Pendule astronomique.

Que nomme-t-on "les lumières" ?

Sous le règne de Louis XV, l'appellation "le Siècle des lumières" prend tout son sens. Ce mouvement intellectuel et artistique devient un modèle pour les autres pays d'Europe. Les nouveaux concepts philosophiques remettent en cause les institutions du royaume et les fondements de la société. Ce mouvement est principalement suivi par des philosophes français qui prônent le progrès et la science. Ils sont à l'origine de l'*Encyclopédie*.

▲ Jean-Martial Fredou (1710-1795), *Louis XV en grand manteau royal en 1760.*

Entre troubles et conflits

La situation politique française à cette époque est assez instable. Agitée par de nombreux conflits intérieurs, la France s'engage dans la guerre de Sept Ans (1756-1763) et perd plusieurs territoires coloniaux par le traité de Paris qui met fin à ce conflit. Devenu impopulaire, Louis XV meurt en 1774. Le pays connaît alors plusieurs bouleversements, prémices des prochains mouvements révolutionnaires.

Marie Leszczynska (1703-1768), une reine au caractère enjoué

Née en 1703 à Breslau, en Pologne, c'est la fille de Stanislas Leszczynski, roi de Pologne détrôné. D'une nature joyeuse, elle remplit toutefois son rôle de souveraine avec dignité, en s'attachant à maintenir l'étiquette et les règles rigoureuses de la vie de cour. Elle se passionne pour le dessin, la lecture et la musique.

▲ Atelier de Jean-Marc Nattier (1685-1766), *Marie Leszczynska, reine de France en 1748.*

Un mariage étonnant

Son union avec Louis XV est organisée par le duc de Bourbon, Premier ministre du roi. Ce mariage provoque l'étonnement général car Marie Leszczynska n'est pas particulièrement "intéressante" du point de vue politique. De plus, elle est âgée de vingt-deux ans, tandis que le roi n'en a que quinze.

Une reine charitable

La reine s'occupe d'œuvres de charité, et notamment de l'instruction des jeunes filles pauvres. Elle crée un couvent à Versailles pour ces demoiselles sans fortune. Sa grande piété et sa simplicité lui font souvent condamner tout ce qui porte atteinte à la morale et la religion. Elle est par ailleurs la première à initier des concerts au château de Versailles. Elle y invitera Mozart.

Une mère contrainte par le protocole

L'étiquette et le protocole tiennent généralement les mères éloignées de leurs enfants. Par économie, trois de ses filles sont envoyées pour leur éducation à l'abbaye de Fontevraud.

Louis XV a une très grande affection pour ses filles ; celles-ci le nomment d'ailleurs "papa-roi".

Louis XVI (1754-1793), un roi indécis

Louis XVI est le petit-fils de Louis XV. Son père est Louis-Ferdinand, fils de Louis XV, et sa mère Marie-Josèphe de Saxe. Il épouse Marie-Antoinette, l'archiduchesse d'Autriche, en 1770, et monte sur le trône à l'âge de vingt ans, ses deux frères aînés étant décédés. Timide et d'un caractère indécis, il est facilement manipulable. Son éducation l'a mal préparé aux affaires politiques ; il est passionné par la géographie, les mathématiques, la physique ainsi que par la littérature classique. Il s'intéresse à la forge.

Quelles sont les réformes initiées par Louis XVI ?
Le roi supprime la torture et permet aux non-catholiques, par l'édit de Tolérance, d'accéder à l'état civil sans se convertir au préalable. Il prend des mesures favorables aux juifs. Sa politique est radicalement différente de celle de ses prédécesseurs et plus égalitaire.

▲ Joseph-Siffred Duplessis (1725-1802), *Louis XVI en 1778.*

Une politique en plein bouleversement

La France traverse une période de crise sociale, financière et politique. La bourgeoisie se sent lésée, les inégalités sociales se creusent. Malgré ses ministres, Turgot et Necker, qui travaillent à réduire les dépenses, Louis XVI est contraint de réunir les états généraux le 5 mai 1789 pour sortir la France de l'impasse et écouter les doléances de ses sujets.

La révolution emporte la monarchie

Texte de la Déclaration des droits de l'homme et du citoyen.

Le tiers état, révolté, souhaiterait, par le biais de la nouvelle Assemblée constituante, prendre toutes les décisions politiques, ce que Louis XVI refuse. Le 14 juillet 1789, le peuple se révolte ; c'est la prise de la Bastille et le début de la Révolution française. Le 4 août 1789, les privilèges sont abolis. Le 26 août 1789, la Déclaration des droits de l'homme et du citoyen est adoptée par l'Assemblée. Le roi et sa famille tenteront de fuir à l'étranger en 1791, mais ils seront reconnus à Varennes et reconduits à Paris.

Quelle fin pour l'Ancien Régime ?

Le 21 janvier 1793, après son procès et sa condamnation à mort, Louis XVI est guillotiné sur la place de la Révolution, à Paris (aujourd'hui place de la Concorde). Marie-Antoinette est exécutée le 16 octobre suivant.

Exécution de Louis XIV, 21 janvier 1793.

Marie-Antoinette (1755-1793), une reine critiquée

Marie-Antoinette est la fille de l'empereur d'Autriche François de Lorraine et de l'impératrice Marie-Thérèse. Elle arrive en France à l'âge de quatorze ans, sans grande instruction. Elle ne porte aucun intérêt aux études, préférant les jeux avec ses sœurs. Elle aime particulièrement la musique et joue de la harpe.
En 1770, elle épouse Louis XVI. Ce mariage symbolise le rapprochement entre l'Autriche et la France, divisées jusque-là par des guerres sans merci.

Une maternité attendue

Pendant les huit premières années de leur mariage, les époux ne parviennent pas à donner un dauphin à la France. En 1778, Marie-Antoinette donne naissance à une fille, Madame Royale.
En 1781 naît le premier dauphin, qui ne survivra pas. Suivront le futur Louis XVII et une dernière fille qui décèdera en bas âge. Très maternelle, la reine se sépare rarement de ses enfants.

› Élisabeth Louise Vigée-Lebrun (1755-1842), *Marie-Antoinette de Lorraine Hasbourg, reine de France, et ses enfants.*

Une vie à Trianon

Marie-Antoinette n'apprécie guère de rester au château de Versailles. Louis XVI lui offre le Petit Trianon afin qu'elle puisse vivre d'une façon plus intime et plus simple, loin de l'étiquette qui régit le château.

Quel style pour la reine ?
Marie-Antoinette crée un véritable style dans le domaine des arts décoratifs. Elle a beaucoup de goût pour la mode, la peinture et les meubles.

◂ Martin Carlin (v. 1730-1785), *Le coffret à bijoux de Marie-Antoinette alors dauphine livré à Versailles en 1770.*

Une reine critiquée

La cour s'acharna sur la reine, la critiquant pour sa frivolité, lui reprochant de dépenser l'argent de la France dans ses tenues vestimentaires, ses coiffures, ses représentations, ses bals... Dès lors, la reine dut supporter le surnom de "Madame Déficit" ainsi que de "l'Autrichienne".

Quelle fut son attitude durant la Révolution ?
Marie-Antoinette ne s'implique pas dans la politique de la France, même si elle est influencée par sa mère qui la pousse à interférer auprès de son mari. Sous la Révolution, la reine se rend encore plus impopulaire en poussant Louis XVI à résister aux demandes de changement des révolutionnaires.

Une fin tragique

Enfermée au Temple en 1792, puis à la Conciergerie après l'exécution du roi, la reine est guillotinée le 16 octobre 1793, place de la Révolution, à l'âge de trente-huit ans.

▸ Georges Keating (1762-1842), *Marie-Antoinette, Archiduchesse d'Autriche, Reine de France en 1774 (1755-1793), à la Conciergerie.*

La chapelle royale et l'opéra

Deux chefs-d'œuvre incontournables témoignent de l'histoire et de la vie quotidienne du château. La chapelle de Versailles nous fait découvrir une ornementation majestueuse, typique des chapelles palatines.

L'opéra nous introduit dans un univers féerique où les bals côtoient les spectacles, les représentations théâtrales et les cérémonies officielles.

INFOS PRATIQUES
La chapelle et l'opéra sont situés tous les deux dans l'aile nord du château (la partie droite du monument lorsqu'on lui fait face depuis la cour).

COMMENT EST NÉ L'OPÉRA EN FRANCE ?

Une Académie de musique a été créée à la suite de l'Académie de danse, sous l'influence du cardinal Mazarin. Cette volonté s'inscrit dans une logique de contrôle des institutions culturelles. Mazarin tente à cette époque d'implanter l'opéra en France, sur le modèle italien.

C'est sans conteste grâce au talent du compositeur Jean-Baptiste Lully que l'opéra français connaît toute son ampleur et devient un modèle en Europe. Jusqu'à sa mort, ses œuvres sont représentées au moins une fois par an. Lully s'est entouré des meilleurs artistes de son temps pour créer ses opéras.

La chapelle royale, chef-d'œuvre de l'art sacré

Le château de Versailles a connu cinq chapelles différentes. Celle que l'on admire de nos jours a été construite par Jules Hardouin-Mansart à partir de 1699 et achevée cinq ans avant le décès de Louis XIV, en 1710. La chapelle est utilisée pour les cérémonies religieuses de la cour : messes, baptêmes, mariages princiers.
Ce majestueux édifice a accueilli le mariage du dauphin, futur Louis XVI, avec Marie-Antoinette, en 1770.

Une chapelle de style palatin

L'adjectif "palatin" provient du mot "palais". Ce type de chapelle comporte deux niveaux. Le rez-de-chaussée accueille le public, la tribune est réservée à la famille royale et aux personnages importants de la cour.

Une musique sacrée

L'orgue a vu se produire l'un des plus illustres musiciens de son temps, François Couperin. Musiciens, choristes et chanteurs de l'époque ont interprété les plus grands morceaux de Lully, Charpentier et Delalande. Cette musique, jouée dans la chapelle, était l'une des plus réputées d'Europe.

◂ Clicquot, Degoullons, Le Goupil, Taupin, L'orgue de la chapelle royale de Versailles.

Un décor fastueux

Les peintures de la voûte représentent la Trinité : Dieu, le Christ et le Saint-Esprit dans des épisodes bibliques.
Les sculptures des piliers illustrent les parallèles entre l'Ancien et le Nouveau Testament.
Sur les côtés de la voûte, deux médaillons sont à l'effigie de Charlemagne et de Saint Louis.
La chapelle est dédiée à ce dernier, considéré comme "le roi des croisades" et le saint patron de la monarchie française.

Antoine Coypel (1661-1722), *Le Père éternel dans sa gloire et divers groupes d'anges annonçant la venue du Messie ou portant les instruments de la Passion*, 1708-1710, voûte de la chapelle royale, 1709.

LE COIN DES PETITS
Vous pouvez chercher avec vos enfants la fleur de lys, un des symboles de la royauté depuis le Moyen Âge, sur les vitraux de la chapelle.

L'opéra royal : un lieu de divertissement et de spectacle

Jusqu'en 1770, il n'existe pas de véritable salle de spectacles au château. On aménage provisoirement des salles pour les représentations théâtrales. De grandes fêtes ont également lieu dans les bosquets du parc. Le projet de construction de l'opéra date du règne de Louis XIV, mais ce n'est qu'en 1768, à la fin du règne de Louis XV, que les travaux prennent forme. En moins de deux ans, l'architecte Gabriel achève l'opéra royal pour les festivités du mariage de Louis XVI et de Marie-Antoinette.

▲ Vue de la scène de l'opéra royal.

Une salle modulable

Le machiniste Blaise-Henri Arnoult a créé un système mécanique qui transforme la salle de l'opéra de manière spectaculaire : des crics abaissent ou rehaussent le plancher pour le mettre au même niveau que la scène. On obtient ainsi une immense salle pour les bals. À l'époque, l'opéra est également utilisé pour des banquets ou pour la représentation de tragédies lyriques.
Lors des spectacles, de nombreuses lampes à huile sont placées sur la scène, des milliers de bougies éclairent la salle et des châssis coulissent pour laisser place à de nouveaux décors.

▲ Vue de la salle de l'opéra royal.

Une loge particulière pour le roi

La famille royale se place habituellement au premier rang de l'amphithéâtre. Le roi Louis XV, lui, assiste parfois au spectacle dans une loge grillagée de bronze doré, située au centre du deuxième niveau. Cette situation lui permet de voir sans être vu.

LE COIN DES PETITS
Au niveau des premières loges sont sculptés des profils en bas-relief. Présentez à votre enfant ces magnifiques portraits des Muses et des Grâces.

Les Grands Appartements du Roi et de la Reine

Le Grand Appartement du Roi est une longue suite de salons, appelée également "appartement des Planètes". Ils sont dédiés aux sept planètes connues au XVIIe siècle, représentées par les divinités qui leur sont associées. C'est donc autour de la mythologie que Le Brun a réalisé la décoration. Ces salons sont consacrés à la vie publique du roi et aux soirées d'appartement. Celles-ci divertissent les courtisans et la famille royale. Elles se déroulent le lundi, le mercredi et le jeudi de 19 h à 22 h de la Toussaint à Pâques.

La fin des salons nous conduit à la découverte de la prestigieuse galerie des Glaces.

INFOS PRATIQUES

Au premier étage, vous accédez aux Grands Appartements du Roi et de la Reine. Vous commencerez par les salons des Planètes et la galerie des Glaces, vous poursuivrez par la chambre du Roi, puis par le Grand Appartement de la Reine, avant de terminer par la galerie des Batailles.

En complément à la visite libre des Grands Appartements, décrits dans les pages suivantes, on pourra également découvrir, à travers des visites-conférences, le petit appartement du Roi, les petits cabinets du Roi et les petits appartements de Marie-Antoinette.

UNE HISTOIRE D'ESCALIER

Le Grand Degré

Que de péripéties pour cet escalier qui mène au salon d'Hercule ! En 1752, l'escalier des Ambassadeurs est détruit au profit d'un nouvel escalier, à l'initiative de Jacques-Ange Gabriel. Cette nouvelle construction devait permettre d'accéder aux appartements du Roi. Il sera achevé en 1985 seulement !

Le salon d'Hercule : l'ancienne chapelle du château

Le salon d'Hercule est le dernier à avoir été construit sous le règne de Louis XIV. À l'origine, cette pièce servit de chapelle puis, en certaines occasions, de salle de bal. Le salon fut achevé sous Louis XV, l'arrière-petit-fils de Louis XIV. Deux chefs-d'œuvre sont à contempler ici, le tableau de Véronèse et le plafond peint par Lemoyne.

▲ Paolo Véronèse (1528-1588), *Le Repas chez Simon le Pharisien.*

À quoi fait référence *Le Repas chez Simon* de Véronèse ?
L'immense tableau représenté est issu des Évangiles. Simon, de dos, convie le Christ. Deux tables distinctes accueillent différents personnages. Les apôtres sont installés sur l'une d'elles tandis que la seconde reçoit des personnages contemporains de Véronèse. Marie-Madeleine, figurée au centre du tableau, oint d'une huile parfumée les pieds du Christ pour demander pardon pour ses péchés. Cette toile fut offerte à Louis XIV par la république de Venise en 1664, afin que le roi de France lui apporte son soutien contre les Turcs.

Quel est le sens de la composition du plafond ?

La réalisation de ce plafond par Lemoyne en seulement trois ans représente un véritable exploit. On peut y voir cent quarante-deux personnages de l'Olympe attendant l'arrivée d'Hercule qui, grâce à ses exploits, accède au rang des dieux. C'est une allégorie certaine des mérites du roi Louis XIV.

La fin tragique de François Lemoyne, qui se transperça le corps de son épée l'année suivant l'achèvement du plafond, alors qu'il avait été promu premier peintre du roi Louis XV, reste un mystère.

LE COIN DES PETITS

Hercule, le célèbre héros de l'Antiquité, s'est caché parmi les personnages, tenant une massue.
Il est célèbre pour les douze travaux qu'il réalisa.
On peut également découvrir son visage sur la cheminée.

Le salon de l'Abondance, une porte vers le cabinet des Curiosités

Sous Louis XIV, le salon de l'Abondance permettait d'accéder au cabinet des curiosités du roi, où se trouvaient rassemblés les objets rares de la collection du monarque (pierres précieuses, tableaux, médailles, etc.). Une nef, peinte au-dessus de la porte, donne une idée de la magnificence de cette collection. Ornée de rubis et de diamants, elle accueillait les couverts et la serviette du roi lors des repas. Sous Louis XVI, la pièce servait de salon des jeux.

▲ René-Antoine Houasse (1645-1710), voussure du salon de l'Abondance (nef royale).

Qu'est-ce qu'une nef ?

Une nef est un objet d'une grande valeur dont la forme évoque celle d'un navire. Posée sur la table du roi, elle recevait sa serviette.

Quelles sont les réjouissances proposées à la cour ?

Certains soirs de la semaine, Louis XIV offre aux courtisans des "soirées d'appartement" durant la saison hivernale. Ils y trouvent des buffets garnis de chocolat, de vin, de café, de liqueurs et de sorbets.

Qui sont les descendants de Louis XIV ?

Dans ce salon, on peut voir à gauche le portrait de Philippe V, roi d'Espagne, son deuxième petit-fils. À ses côtés, le dauphin, le fils de Louis XIV. À droite de la porte, le duc de Bourgogne, l'aîné de ses petits-fils. Et enfin Louis XV.

Le salon de Vénus, un décor en trompe-l'œil

Tout le décor de la pièce repose sur une illusion d'optique. En effet, les peintures des statues de *Méléagre* et *Atalante* sont en trompe-l'œil sur les côtés des fenêtres. Certaines perspectives sont feintes grâce au génie de Jacques Rousseau, ce qui semble augmenter les dimensions de la salle. Sous Louis XIV, ce salon était l'un des principaux accès au Grand Appartement. La statue dans une niche représente le roi drapé en empereur romain.

Quelle est la symbolique des tableaux qui ornent la voûte ?
Près de la porte du salon de Diane, *le Mariage d'Alexandre et de Roxane* rappelle le mariage de Louis XIV avec Marie-Thérèse d'Autriche.
Face aux fenêtres, *Nabuchodonosor et Sémiramis faisant élever les jardins de Babylone* est une référence aux travaux effectués dans les résidences royales.
Du côté des fenêtres, *Cyrus s'arme pour secourir une princesse* fait allusion à la guerre de Dévolution de 1667 qui marque la prise du sud de la Flandre par Louis XIV.

▸ Jean Warin (1604-1672), *Statue de Louis XIV*, Salon de Vénus, 1672.

À l'entrée, *Auguste préside les jeux du cirque* symbolise le carrousel de 1662. Le mot "carrousel" est une contraction des mots latins *carrus solis* qui signifient "char du soleil". Le carrousel était une fête héritée des tournois médiévaux, qui mélangeait des parades équestres à des jeux guerriers. C'est après ce carrousel que Louis XIV choisit le soleil comme emblème.

▲ Plafond du salon de Vénus peint par René-Antoine Houasse.

Quelles sont les douceurs que l'on mangeait à la cour ?
De grandes tables dressées pour les collations proposent des confitures, des fruits confits et, dans des corbeilles, des pyramides de fruits frais provenant du verger sont dressées pour les courtisans.

LE COIN DES PETITS
Levez les yeux et aidez les petits à retrouver la déesse de l'Amour sur le plafond. Pour les guider... elle se trouve sur un nuage, entourée de guirlandes de fleurs.

◀ **René-Antoine Houasse (1645-1710), *Vénus assujettissant les divinités et les puissances.***

Le salon de Diane, un roi immortalisé dans le marbre

L'effigie du roi représente d'importantes commandes de bustes, statues en pied ou équestres, bas-reliefs qui célèbrent la gloire du souverain.
Le château de Versailles accueille des figures mythologiques ou antiques en marbre ou en plomb.
La grandeur royale est exprimée par la peinture, mais aussi par la sculpture. C'est la naissance du grand art classique français.

Quelle majesté !

Un magnifique buste de Louis XIV, réalisé par Le Bernin en 1665, est présenté dans ce salon. Certainement l'un des plus beaux et des plus réussis, ce buste de Louis XIV le représente à l'âge de vingt-sept ans. Le réalisme du collet de dentelle fascina le roi lui-même. Le drapé tout en mouvement est une parfaite représentation du port altier du souverain. Ce buste est représentatif du style baroque.

Gian-Lorenzo Bernini dit Le Bernin (1598-1680), *Buste de Louis XIV*, 1665.

La passion de Louis XIV

Certains soirs d'appartement, le roi jouait au billard et sa réputation de très bon joueur n'était plus à faire ! On appelait également ce salon la "chambre des applaudissements" car les courtisans ne manquaient jamais d'applaudir le jeu habile du souverain.

Qu'est-ce que l'art baroque ?

Ce courant artistique est lié à la politique et à la société de la première moitié du XVIIe siècle. Le mot "baroque" provient du portugais *barroco* qui signifie "irrégulier". Le courant baroque se définit par une profusion d'ornementations, avec des formes irrégulières et instables. Dans l'art, le baroque cherche avant tout à étonner, à toucher les sens par des effets de mouvement. L'art baroque trouve son sens dans la nature, avec les paysages, les fruits, les fleurs, etc. Cet art cherche à attraper tout ce qui s'enfuit, comme l'eau, la fumée, les nuages, les rêves, la lumière, etc.

LE COIN DES PETITS

Encore une déesse à découvrir : *Diane chasseresse portant son arc.* Elle est au centre du plafond.

Le salon de Mars, dédié à la guerre

Le décor guerrier rappelle que, à l'origine, le salon de Mars fut la salle des gardes du corps du roi. Cependant, lors des soirs d'appartement, des bals avec musique et danse y sont organisés.

▲ Charles Le Brun (1619-1690), *La Famille de Darius aux pieds d'Alexandre*, v. 1660.

Quelle est la signification de ce tableau peint par Le Brun ?

Vêtu de son armure dorée, Alexandre est vainqueur de la bataille l'opposant à Darius, le roi des Perses. La scène présente Alexandre devant la tente de la famille de Darius, alors que celui-ci est en fuite. La femme et la fille du roi perse se jettent à ses pieds, implorant sa clémence. Alexandre les rassure en leur promettant qu'elles ne deviendront pas captives.

Louis XIV s'identifie au grand guerrier victorieux qu'était Alexandre le Grand. Il se reconnaît dans ce portrait. Cette toile, tant appréciée du souverain, a permis à son peintre, Charles Le Brun, d'obtenir le statut de premier peintre du roi.

Un artiste exceptionnel : Charles Le Brun

Peintre, mais également sculpteur, architecte et décorateur, Charles Le Brun était tout cela à la fois. Pendant plusieurs siècles, il fut un modèle dans toute l'Europe. Chargé de la décoration du château, il marqua Versailles de ses peintures.

▲ Jean-Baptiste Mauzaisse (1784-1844), d'après Nicolas de Largillière (1656-1746), *Portrait de Charles le Brun.*

LE COIN DES PETITS
Présentez à votre enfant le dieu de la Guerre. Au plafond, vous le remarquerez sur un char tiré par des loups. Il s'agit bien de Mars !

Le salon de Mercure, la chambre du Lit

En 1682, cette pièce devint la chambre de parade de Louis XIV, avant d'être transférée en 1701 au centre du château. En 1715, la dépouille de Louis XIV y fut placée pendant une semaine.

Le mobilier pour financer la guerre

Un magnifique lit est exposé ici. Cependant, le roi n'y dormait point. C'était un lit d'apparat, c'est-à-dire fait pour être vu. Autrefois, le mobilier de cette pièce – la balustrade du lit, les chandeliers et un lustre – était en argent. Celui-ci a été fondu pour payer les dépenses de la guerre de la ligue d'Augsbourg (1688-1697).

Un souvenir d'époque

La magnifique horloge à automates réalisée par Antoine Morand et offerte à Louis XIV en 1706 est le seul élément d'origine qui a retrouvé sa place dans ce salon après la Révolution. Lorsqu'elle est mise en marche, toutes les heures, on peut entendre des coqs chanter en battant des ailes et voir la déesse de la Renommée couronner le roi Louis XIV.

▸ Antoine Morand (1674-1757), pendule à automates.

▲ Pierre-Charles-Olivier Mané, table à jeu de trictrac pour le salon des Jeux de Louis XVI.

Faites vos jeux !

Lors des soirs d'appartement, cette pièce était réservée à la famille royale. Elle était utilisée comme salle de jeu et on pouvait y jouer aux jeux de table et aux cartes. Le jeu de table favori, sous Louis XIV et Louis XV, était le trictrac (sorte de backgammon). Parmi les jeux de cartes, le plus répandu était le jeu de l'hombre où l'on pratiquait des enchères ; il a par la suite perdu l'intérêt des joueurs pour être remplacé par ses descendants, le whist puis le bridge.

LE COIN DES PETITS
Le dieu Mercure est reconnaissable grâce à ses chaussures ailées et à son casque.
Ses ailes lui permettent d'être aussi rapide que l'éclair : sa principale mission est de remettre des messages aux dieux de l'Olympe.

Le salon d'Apollon, l'ancienne salle du Trône

Un trône en argent de presque trois mètres de haut était installé au fond du salon, sur une estrade et sous un baldaquin. Louis XIV y tenait ses audiences et, lorsque des ambassadeurs venaient lui rendre hommage publiquement, le trône était déplacé dans la galerie des Glaces. Le décor originel, dont il ne reste plus rien aujourd'hui, était d'une grande richesse.

Les petites habitudes de Louis XVI

Plusieurs fois par jour, Louis XVI venait s'enquérir de la température grâce à un petit thermomètre en cristal suspendu à la fenêtre. Afin de rendre compte de la météo journalière, un jeune garçon était tenu de noter sur un cahier les éventuels changements de température.

▲ Hyacinthe Rigaud (1659-1743), *Portrait de Louis XIV*, 1702.

Le portrait de Louis XIV en costume de sacre, une propagande politique ?
Ce portrait peint par Hyacinthe Rigaud en 1702 représente le Roi-Soleil à l'âge de soixante-trois ans. La première version est conservéé au musée du Louvre. Louis XIV y est figuré avec tous les insignes du pouvoir et de la monarchie. Il tient dans sa main droite un sceptre se terminant par une fleur de lys, symbole de l'autorité royale. À sa gauche, dans son fourreau, l'épée du sacre, appelée aussi "épée de Charlemagne", destinée à protéger le royaume des ennemis. Sur un coussin repose la couronne de France, ainsi que la main de la Justice. Ce tableau est une parfaite représentation du pouvoir absolu. Louis XIV se positionne comme un monarque dont la grandeur n'a jamais été égalée.

LE COIN DES PETITS
Montrer à votre enfant le dieu des Arts, de la Musique et de la Jeunesse, Apollon. Sur son char tiré par quatre chevaux, il est accompagné des quatre saisons, Bacchus pour l'automne, Cérès pour l'été, Flore pour le printemps et enfin Saturne pour l'hiver.

Le salon de la Guerre : Louis XIV, roi victorieux

En 1678, Hardouin-Mansart et Le Brun transforment l'ancien cabinet de Jupiter, où le roi tenait conseil, pour en faire le salon de la Guerre.
La décoration est dédiée à la guerre et aux combats. Louis XIV, en effet, mène en personne ses armées en campagne jusqu'en 1693. Celles-ci, bien organisées, suivent une stratégie maîtrisée qui renforce les frontières de la France.

Une vie de monarque ponctuée par les guerres

Le décor des Grands Appartements fait souvent allusion à l'histoire des combats, victoires militaires et politiques de Louis XIV. En effet, de nombreux éléments décoratifs comme les voûtes, les plafonds et les tableaux montrent la puissance de Louis XIV, depuis 1661 jusqu'à la paix de Nimègue de 1678, qui met fin à la guerre de Hollande.

› Dessus de porte, détail.

▲ Antoine Coysevox (1640-1720), *Louis XIV victorieux et couronné par la Gloire*, 1678.

Que représente le grand médaillon ovale au-dessus de la cheminée ?
Ce grand médaillon réalisé par Coysevox, qui représente Louis XIV à cheval, est une allégorie de la guerre de Hollande. Sous le cheval, les ennemis de Louis XIV sont écrasés. Au-dessus du médaillon, deux Renommées glorifient la victoire du roi, tandis qu'au sol reposent deux captifs enchaînés.

Quels étaient les ennemis de Louis XIV durant la guerre de Hollande ?
L'Empire germanique, l'Espagne et la Hollande, les trois nations qui s'unirent pour combattre la France en 1672, sont représentées dans les voussures du plafond. Chacune est accompagnée d'un animal : ainsi l'Espagne et la Hollande sont symbolisées par un lion, tandis que l'Empire germanique est représenté avec son aigle.

La galerie des Glaces, joyau du château de Versailles

La galerie des Glaces est un véritable chef-d'œuvre. Ses marbres de couleur, ses dorures, la grandeur des miroirs et ses lustres en cristal de Bohême confèrent à cette salle un rayonnement particulier. L'architecte Hardouin-Mansart débuta sa construction en 1678 ; les marbres furent posés en 1679 ; les sculptures furent apportées en 1680 et l'achèvement se concrétisa par les peintures de Charles Le Brun qui ornent la voûte, réalisées de 1681 à 1684.

En quelles occasions était utilisée la galerie des Glaces ?
Autrefois appelée "Grande Galerie", cette pièce servait de lieu de passage. Parfois, on y organisait des divertissements ou des réceptions officielles. Lorsque Louis XIV y recevait des ambassadeurs, son trône était installé sur une estrade, du côté du salon de la Paix.

Pourquoi tous ces miroirs ?

Sous Louis XIV, posséder des miroirs est un véritable luxe, car ils coûtent très cher. Les exposer sur toute la paroi d'une salle montre la richesse du souverain. Le roi fait construire sa propre manufacture afin d'en simplifier l'approvisionnement. Elle existe encore aujourd'hui : c'est la manufacture de Saint-Gobain.

Quelle histoire raconte la voûte ?

Elle exalte les succès politiques et militaires de Louis XIV. Sur les grands tableaux sont représentés les épisodes les plus glorieux de la guerre de Hollande que Louis XIV mena de 1672 à 1678. Les médaillons, quant à eux, rappellent plutôt la guerre de Dévolution qui se déroula de 1667 à 1668. Ces peintures sont un véritable symbole de la royauté et du pouvoir.

▲ Charles Le Brun (1619-1690), *Le roi gouverne par lui-même*, 1661.

LE COIN DES PETITS

À quoi ressemblait la vue des fenêtres à l'époque de Louis XIV ? On peut y voir le Grand Canal qui mesure plus d'un kilomètre de long. Louis XIV y avait fait amarrer ses bateaux qui voguaient au fil de l'eau. Les soirs de fête, des gondoles et trois navires de guerre tiraient aux canons.

La galerie des Glaces est aussi un lieu emblématique où fut signé le traité mettant fin à la Première Guerre mondiale (1914-1918) le 28 juin 1919.

Le salon de la Paix

Situé à l'extrémité sud de la galerie des Glaces, le salon de la Paix est symétrique au salon de la Guerre. La décoration réalisée par Le Brun en 1686 évoque le rayonnement de la France en Europe et sa contribution à la paix. Dès la fin du règne de Louis XIV, il constituait la dernière pièce du Grand Appartement de la Reine.

Que symbolise le médaillon peint sur la cheminée ?

Sur la cheminée, un médaillon peint par Lemoyne en 1729 représente Louis XV âgé de dix-neuf ans, dans une écharpe bleue. Il offre à une jeune femme un rameau d'olivier, symbole de paix. Cette jeune femme symbolise l'Europe. L'olivier est considéré comme l'arbre de la paix. En offrant une branche de celui-ci à l'Europe, Louis XV suit le conseil de son arrière-grand-père : être un roi de paix.

Un salon de musique et de jeu

Tous les dimanches, Marie Leszczynska se plaisait à donner des concerts de musique sacrée ou profane, ce qui contribua à l'importance que prit la musique à Versailles. Marie-Antoinette, quant à elle, y fit installer des tables de jeu.

Quelle est la signification de la coupole du plafond ?

La peinture présente une France victorieuse. Glorifiée par son attitude pacifiste, elle offre la paix à ses anciennes ennemies.

▲ Charles Le Brun (1619-1690), plafond du salon de la Paix.

Autour de la chambre du Roi

À Versailles, les rois ont toujours eu deux chambres : une chambre pour dormir et une chambre de parade où les seigneurs venaient assister aux rituels de la vie officielle du roi – le lever, le coucher, les repas et les audiences.

À la vue de tous

L'appartement du Roi est composé d'une salle des Gardes, de deux antichambres, de sa chambre et d'un cabinet du Conseil. Il est situé dans la partie la plus ancienne du château, donnant sur la cour de Marbre. Cet aménagement a été imaginé par Louis XIV afin qu'il puisse être vu de tous à tout moment de la journée. Il mit en place un véritable protocole à la cour, suivant les préceptes d'Henri III, qui jugeait que les nobles ne respectaient pas assez les préséances.

▲ François Marot (1666-1719), *Première promotion des chevaliers de l'ordre de Saint-Louis à Versailles le 8 mai 1693.*

Les chevaliers dans la chambre du Roi

Sous Louis XIV, de nombreuses guerres mettent en péril la vie des officiers. Pour honorer leurs mérites et leur bravoure, le roi crée en 1793 l'ordre royal et militaire de Saint-Louis. Ce tableau présente les premiers membres de l'ordre. Louis XIV, par son épée, adoube les officiers en prononçant : "Par Saint Louis, je vous fais chevalier." Pour les féliciter, on leur attribue une petite croix en or qui inspirera plus tard Napoléon pour la Légion d'honneur.

La salle des Gardes

Cette salle servait pour la protection du roi ; s'y tenaient de jour comme de nuit les gardes du corps de la famille royale. On y disposait des lits afin que les gardes puissent se relayer.

Que représente le tableau au-dessus de la cheminée ?
Ce tableau a été peint par Joseph Parrocel. La scène représentée est issue de la bataille de Leuze qui eut lieu en 1691. Les gardes du corps du roi s'y sont illustrés par leur bravoure. C'est un véritable hommage à leur vaillance.

Qui avait accès à la chambre du Roi ?
Le château était ouvert à tous : selon une tradition du Moyen Âge, on pouvait circuler librement jusqu'à la chambre du Roi, même lorsque celui-ci était absent. Seules certaines personnes comme les moines, les femmes de petite vertu, les mendiants et les malades de la petite vérole ne pouvaient accéder à l'enceinte du château.

▲ Joseph Parrocel (1646-1704), *Combat de Leuze, Bataille où paraissent les gardes du roi, 18 septembre 1691.*

Quels étaient les différents gardes du corps du roi ?

Lorsque le souverain se déplaçait en public, il était toujours accompagné de quatre gardes du corps. Il y avait en tout quatre compagnies qui assuraient la sécurité : une compagnie écossaise, les Cent-Suisses, les Hoquetons et les gardes de la Prévôté de l'Hôtel. Les deux dernières formaient la police du château ; quant à la surveillance, elle était organisée par les Suisses. Lorsque le roi se rendait à l'extérieur du château, il était accompagné par les Mousquetaires.

▸ Gerrit Valck (1651-1726), *Un garde suisse du roi.*

La première antichambre, un repas avec le roi

À Versailles, notre actuel dîner se nommait le "souper au grand couvert". Sous Louis XIV, ce repas se déroulait en public. On dressait pour l'occasion une table devant la cheminée de cette pièce appelée également "antichambre du Grand Couvert". Chaque soir, à dix heures, Louis XIV s'y installait avec sa famille. Pour accompagner ce repas, on jouait de la musique. Louis XV et Louis XVI, quant à eux, préféraient souper dans l'intimité.

Comment se déroule le souper au grand couvert ?

Le roi s'installe dans un grand fauteuil devant une table rectangulaire (les tables rondes sont réservées au repas privé). Avant d'être servis, les plats sont goûtés, de crainte que le roi ne se fasse empoisonner. Trois services composent le repas ; chacun accompagne de nombreux plats sous la direction du maître d'hôtel. Le repas débute par des potages et des entrées. Viennent ensuite des plats de viande en sauce, puis le dessert. Louis XIV affectionne particulièrement les légumes de son potager comme les petits pois, les asperges et les artichauts.

Comment mettre le couvert ?

Selon une tradition du Moyen Âge, le repas s'effectue toujours en public et suit un cérémonial particulier. La nef royale, une pièce d'orfèvrerie, est apportée pour chaque repas. Elle contient les couverts du roi. L'expression "mettre le couvert" provient de cette nef. Sous Louis XIV, la vaisselle de table est composée d'assiettes en or et de plats en argent.

◂ Menu du souper du samedi 8 janvier 1752.

Quels sont les changements apportés par Louis XV et Louis XVI ?

Louis XV et Louis XVI préfèrent prendre leurs repas à l'écart du public. Louis XV aime inviter ses proches à manger dans ses petits cabinets au retour de la chasse. Les cuissons sont plus douces, on ajoute des sauces plus légères aux plats. Louis XVI et Marie-Antoinette organisent parfois des "repas de société" où ils permettent aux femmes des ministres de se joindre à leur table.

L'antichambre de l'Œil-de-Bœuf

C'est dans cette pièce que les courtisans attendaient, avant d'être admis dans la chambre du Roi. L'antichambre de l'Œil-de-Bœuf doit son nom à la petite lucarne ovale qui se trouve dans la frise du plafond décorée d'une ronde d'enfants rieurs. Cette salle est ornée de portraits royaux ; on trouve, entre autres, un tableau où le peintre Jean Nocret a représenté Louis XIV et la famille royale sous les traits des dieux gréco-romains.

Pourquoi la famille royale est-elle habillée en costume antique ?
Les histoires de la mythologie inspirent les artistes de l'époque. Les monarques et les seigneurs se font souvent représenter par des dieux ou des héros de l'Antiquité gréco-romaine afin de montrer leur puissance et leur grandeur. En prenant cette apparence, ils affirment appartenir au monde divin.

Le roi Louis XIV et sa famille

Ce tableau est composé de la famille proche de Louis XIV ; chacun de ses membres est représenté sous les traits d'un dieu ou d'une déesse de l'Antiquité. À droite du tableau se trouve Louis XIV 1 en Apollon, dieu du Soleil et des Arts. À sa gauche, son épouse, la reine Marie-Thérèse d'Autriche 2 en Junon (épouse de Jupiter), accompagnée de ses enfants. À la droite du roi, sa mère, Anne d'Autriche 3, tenant dans ses mains un globe terrestre, est représentée sous les traits de Cybèle, déesse de la Terre et de la Nature. Derrière se tiennent les trois cousines de Louis XIV, Mesdemoiselles d'Orléans 4, filles de Marguerite de Lorraine-Vaudémont ; elles incarnent les Trois Grâces (divinités de la Beauté).

▲ Jean Nocret (1617-1672), *La Famille de Louis XIV en 1670 représentée en travestis mythologiques.*

À gauche du tableau, le frère du roi, Philippe d'Orléans 5, dit “Monsieur”, est représenté en étoile du point du jour. Il règne sur le château de Saint-Cloud, d'où provient cette toile. Il est entouré de son épouse Henriette d'Angleterre 6, en Flore, déesse du Printemps, de sa fille Marie-Louise d'Orléans 7 sous la figure de Zéphyr qui apporte le vent et la pluie, et de sa belle-mère Henriette-Marie de France 8 (reine d'Angleterre) à l'extrême gauche, en Amphitrite, épouse de Neptune. En bas du tableau, à l'intérieur d'un cadre, sont représentées les deux filles 9 de Louis XIV et de Marie-Thérèse mortes au berceau.

La chambre du Roi, lieu d'un cérémonial quotidien

La chambre du Roi se trouve au centre du château depuis 1701. C'est un véritable lieu de la représentation royale. À Versailles, la journée du roi est organisée selon les règles bien précises de l'étiquette. Tous les jours, les grands seigneurs viennent assister dans la chambre du Roi aux rituels du lever et du coucher. Vers une heure de l'après-midi, le roi y prend son repas et accorde des audiences.

▲ Nicolas Coustou (1658-1733), Groupe en plâtre doré décorant le centre de l'alcôve *"la France triomphant veillant sur le sommeil du roi"*, 1701.

Comment réveiller le roi ?

La journée du roi commence par le cérémonial du "petit lever": à huit heures et demie, le premier valet de chambre réveille le roi. Ensuite un médecin et un chirurgien viennent l'examiner pour vérifier qu'il est en bonne santé. Le roi se lave les mains à l'esprit de vin, fait sa prière et se lève pour choisir la perruque qu'il portera durant la journée (Louis XIV est devenu chauve à trente-cinq ans). Puis il est coiffé et rasé. Suit le "grand lever" où le roi est habillé. Le chef du gobelet lui apporte alors un bol de bouillon pour le petit-déjeuner. Vers neuf heures et demie, le roi quitte sa chambre pour se rendre à la messe de la chapelle royale.

Le "dîner au petit couvert"

Le dîner correspond à notre actuel déjeuner. Il se déroule dans la chambre du Roi selon un cérémonial bien particulier. Le roi dîne seul à table. Il s'installe dans un fauteuil en présence de certains seigneurs autorisés à assister au repas. On lui apporte plusieurs plats raffinés accompagnés de vin qu'il coupe avec de l'eau.

LE COIN DES PETITS
Le lit du roi est surmonté de quatre magnifiques plumes d'autruche que l'enfant pourra s'amuser à retrouver dans la chambre de la Reine.

Le rituel du bougeoir

Chaque soir vers onze heures, le roi choisit une personne parmi l'assemblée pour tenir son bougeoir. Cet honneur est réservé aux personnes les plus respectables à ses yeux. Ce rituel ne dure que quelques secondes, mais il vaut à l'heureux élu d'être envié par tous.

Le cabinet du Conseil

Ce cabinet se trouve à côté de la chambre de Louis XIV. Il sert aux réunions des conseils où le roi travaille avec ses ministres sur la politique du royaume. Presque tous les matins, le roi préside le Conseil et accorde des audiences particulières.
Ce lieu accueille aussi la famille royale lors des signatures des registres pour les mariages, les naissances ou les deuils.

Les différents conseils du roi sous Louis XIV

Lors des conseils, le roi prend les décisions importantes concernant les affaires politiques. En 1715, il existe parmi les principaux conseils :

- le **Conseil d'en haut** qui traite de la politique de la France, mais aussi de la politique étrangère ;
- le **Conseil des dépêches** qui s'occupe des questions administratives. Certains membres de la famille du roi peuvent y participer. Ainsi le dauphin, futur roi, assiste à cette réunion et se forme à la politique ;
- le **Conseil royal des finances** qui se charge des recettes et des dépenses du royaume.

▲ **Henri Noblin,** ***Almanach royal pour l'année 1682 : Louis XIV entouré des membres de son Conseil, Travaux du roi pendant la paix de 1681.***

Un décor symbole de travail et de souveraineté

Les boiseries réalisées par Jacques-Ange Gabriel et sculptées par Rousseau rappellent les pouvoirs exécutif, législatif et judiciaire du roi. On peut admirer dans les motifs du décor des trophées, des symboles de la marine, de l'armée et de la monarchie.

Louis XVI ou la naissance des États-Unis

C'est dans cette salle qu'en 1775 le roi de France décide de participer à la guerre d'Indépendance américaine. Grâce à l'aide de l'armée française, les Insurgents américains triomphent des Britanniques.

Le Grand Appartement de la Reine

Situé dans la partie sud du corps central, le Grand Appartement de la Reine est totalement symétrique à celui du Roi. Ici toutefois, les tableaux des voussures représentaient des divinités et des figures féminines. Trois reines ont vécu dans ces appartements : Marie-Thérèse, épouse de Louis XIV, Marie Leszczynska, épouse de Louis XV et enfin, Marie-Antoinette, dernière reine de France, mariée à Louis XVI.

▲ Jacques Verbeeckt (1704-1771), boiserie/cartouches sculptés et dorés d'enfants de la chambre de la Reine, 1735-1736.

Un décor en or et blanc

Les pièces qui composent le Grand Appartement de la Reine illustrent parfaitement le goût du XVIIIe siècle où se mélangent l'or et le blanc. La somptuosité des décors est mise en valeur par des dorures qui ornent les lambris et les cheminées en marbre. L'or est omniprésent, qu'il soit apposé sur les ornements sculptés, les miroirs ou les reliefs des boiseries.
Deux artistes, Jacques-Ange Gabriel et le sculpteur Jacques Verbeeckt, ont participé à ce renouveau décoratif.

▲ Porte de la chambre de la Reine ouvrant sur le salon de la Paix.

La chambre de la Reine

Être reine est avant tout lié à la maternité. La reine se doit d'apporter à la couronne de France une nombreuse progéniture et surtout un futur dauphin afin de transmettre la couronne. C'est dans cette chambre que sont nés dix-neuf enfants de France, parmi lesquels les futurs Louis XV et Louis XVII. La reine se devait d'accoucher en public. Les reines Marie-Thérèse et Marie Leszczynska décédèrent dans cette même pièce.

À chacune sa touche personnelle !

Chaque reine a apporté son empreinte à cette chambre. Ainsi, les tentures des murs furent choisies par Marie-Antoinette ; en ce qui concerne Marie-Thérèse, seuls quelques éléments sculptés du plafond subsistent ; la balustrade du lit fut choisie par Marie Leszczynska.

Un véritable album de famille

Plusieurs portraits ornent la pièce. Les filles de Marie Leszczynska et de Louis XV, Victoire et Adélaïde, sont présentées au-dessus de la porte, tandis qu'Henriette, Élisabeth et Louis (père de Louis XVI) se trouvent en face. Le frère de Marie-Antoinette, Joseph II, sa mère Marie-Thérèse d'Autriche et Louis XVI sont représentés au-dessus des trois miroirs de la chambre.

Une dernière nuit à Versailles

Marie-Antoinette, représentée à l'âge de vingt-huit ans par un magnifique buste en marbre sculpté par Félix Lecomte en 1783, vécut ses dernières heures à Versailles le 6 octobre 1789. Ce jour-là, la reine et sa famille furent assaillies par les émeutiers qui pénétrèrent dans sa chambre. Elle se sauva par une petite porte, à gauche du lit, pour se rendre dans les cabinets intérieurs du château.

▸ Félix Lecomte (1737-1817), *Marie-Antoinette, reine de France* (1755-1793), 1783.

LE COIN DES PETITS

Un coq tout en or déployant ses ailes s'est caché dans le lit de Marie-Antoinette.
Un indice : il faut lever les yeux.

Le salon des Nobles

Au XVIIIe siècle, on pouvait y voir la reine Marie Leszczynska, assise sous un dais, accordant différentes audiences aux femmes de la cour. Sa dame d'honneur lui présentait les nouvelles dames admises à Versailles. L'introduction au château dépendait toujours d'une marraine ou d'un parrain. C'est à cette seule condition que l'on appartenait au milieu très fermé de la cour. Le décor peint du plafond est une allégorie des arts et des sciences. Cette pièce fut appelée "salon des Nobles de la Reine" en 1785, sous Marie-Antoinette, qui fit entièrement refaire la décoration.

Que représentent les figures féminines du plafond ?

Autour de Mercure sont présentées différentes femmes que l'on peut reconnaître grâce à leurs attributs. La Mathématique est symbolisée par une sphère et une tablette aux inscriptions géométriques. À sa gauche, la Peinture se tient avec une palette et des pinceaux, regardant la Poésie couronnée d'un laurier. Derrière un nuage, la Musique joue de la harpe.

▲ Michel II Corneille (1642-1708), *Mercure répandant son influence* (compartiment central du plafond du salon des Nobles de la reine), 1672.

LE COIN DES PETITS

Faire remarquer aux enfants que le tableau de Louis XV en costume de sacre n'est pas une peinture mais une tapisserie !

L'antichambre du Grand Couvert de la Reine : la peinture au féminin

Cette salle, qui accueillait les repas publics de la famille royale, nous présente une collection de tableaux peints par Élisabeth Vigée-Lebrun et Adélaïde Labille-Guiard. Peu de femmes ont eu l'honneur de peindre la famille royale. Au XVIIIe siècle, les femmes artistes acquièrent une célébrité sans précédent.

La peintre de Marie-Antoinette : Élisabeth Vigée-Lebrun

Élisabeth Vigée-Lebrun est la fille du peintre Louis Lebrun. Elle travaille avec lui et montre un talent précoce pour la peinture. Vers 1780, elle devient le peintre favori de la reine. Cet honneur est dû à l'approbation de l'impératrice Marie-Thérèse d'Autriche, satisfaite de l'image officielle que Vigée-Lebrun présente de sa fille. Elle peindra de nombreux autres portraits de la reine qui l'accueille régulièrement au Petit Trianon. En 1783, elle est admise à l'Académie de peinture.

Marie-Antoinette en robe à paniers

Cette toile a été réalisée par Élisabeth Vigée-Lebrun ; ce tableau est la réplique d'un autre tableau exposé à Vienne. La toile est une commande de l'impératrice Marie-Thérèse d'Autriche, mère de la souveraine, afin de lui permettre de voir la transformation de sa fille en jeune femme. C'est un véritable tableau officiel.

◂ **Élisabeth Louise Vigée-Lebrun (1755-1842),** ***Marie-Antoinette d'Autriche, reine de France (1755-1793), en robe à paniers vers 1785.***

LE COIN DES PETITS
Un perroquet s'est caché dans un des tableaux de la salle : retrouve-le !

La salle des Gardes de la Reine

Les gardes du corps de la reine logeaient dans cette pièce où étaient installés des paravents et des lits. Le 6 octobre 1789, des émeutiers envahirent le château et massacrèrent certains des gardes qui protégeaient la fuite de la souveraine.

LE COIN DES PETITS

Regardez au plafond : Jupiter est sur son beau char argenté. En général, les chars sont tirés par les chevaux. Mais, dans cette scène, ce n'est pas le cas. Ce sont des aigles !

Le château assiégé

Un cortège en colère fait irruption aux grilles de Versailles, réclamant du pain. Les portes s'ouvrent pour laisser passer quelques femmes. Celles-ci se dirigent vers le roi qui tente de les apaiser en leur promettant le ravitaillement prochain de la capitale. À l'aube du 6 octobre 1789, la foule n'est plus maîtrisable et le château est envahi. On force alors Louis XVI et Marie-Antoinette à se présenter à leur balcon devant une foule déchaînée qui crie : "À Paris ! Le roi à Paris !" Louis XVI et son épouse sont alors contraints de quitter le château pour rejoindre les Tuileries.

▲ Noël Coypel (1628-1707), *Soulagement de la famine par les enfants de la Piété* (vers 1681).

Quelle coïncidence !

Sur cet écoinçon du plafond, Noël Coypel a réalisé *La Piété soulageant la Famine*. On peut y voir deux figures affamées à qui sont présentés des fruits. Louis XIV, lors de la famine qui sévit en 1662, distribua du pain gratuitement aux portes du Louvre et donna de l'argent aux plus pauvres. La générosité du souverain fut remarquée et admirée par ce peuple en souffrance.
Un siècle plus tard, Louis XVI n'aura malheureusement pas l'occasion d'offrir la même solution à son peuple.

La salle du Sacre, entre rupture et continuité

Ce lieu fut occupé quelque temps par l'ancienne chapelle du château, puis on y rassembla les gardes du corps du roi et de la reine. Des chaises à porteurs y furent également exposées, si bien que les courtisans prirent l'habitude de le nommer le "magasin" tant il était encombré. Sous Louis-Philippe, cette salle prit une autre dimension lorsque le château devint un musée dédié "à toutes les gloires de la France".

Le lavement des pieds

Sous l'Ancien Régime, le Jeudi saint, douze enfants étaient accueillis dans cette salle par le roi et la reine. À cette occasion, le pied droit de chaque enfant était lavé par un aumônier puis embrassé par le roi. Cette cérémonie symbolise l'épisode biblique de la Cène où Jésus-Christ eut les pieds lavés par Marie-Madeleine avant son dernier repas.

▲ Jacques Louis David (1748-1825), *Le sacre de l'empereur Napoléon Ier et le couronnement de l'impératrice Joséphine à Notre-Dame de Paris le 2 décembre 1804.*

À la gloire de Napoléon

La décoration de cette pièce se réfère à l'épopée napoléonienne. L'un des plus célèbres tableaux de David représente le sacre de Napoléon Ier et de son épouse Joséphine, le 2 décembre 1804, à Notre-Dame de Paris. On y voit Napoléon couronnant son épouse après s'être lui-même couronné et proclamé empereur (ce tableau est un double de celui du Louvre, réalisé par le même artiste).

La galerie des Batailles, œuvre de Louis-Philippe

Après la Révolution française, l'avenir du château de Versailles est incertain. En 1837, pour le sauver, Louis-Philippe décide de le transformer en musée. Il réorganise le château et détruit certaines pièces pour créer des salles d'exposition. La galerie des Batailles est la plus grande : elle mesure cent vingt mètres de long.

▲ Ary Scheffer (1795-1858), *La bataille de Tolbiac* (496).

Que représentent les œuvres de cette galerie ?

Les tableaux représentent trente-trois grandes batailles gagnées par la France, de la victoire de Clovis à Tolbiac en 496, à la bataille de Wagram remportée par Napoléon Ier en 1809. Les bustes représentent les soldats les plus célèbres morts pour le pays.

De Tolbiac...

En 496, à Tolbiac, une ancienne ville de la Gaule, Clovis, premier roi des Francs, affronte les Alamans (une tribu germanique). Clovis s'engage à devenir chrétien s'il remporte cette bataille. Victorieux, il est baptisé à Reims.

... à Wagram

Napoléon est une figure majeure de l'histoire de France. Il est connu dans le monde entier pour ses exploits militaires et sa politique conquérante. Il devient empereur des Français en 1804.

La bataille de Wagram s'est déroulée près de Vienne, en Autriche, les 5 et 6 juillet 1809. Sur son cheval blanc, Napoléon observe la progression de l'armée autrichienne.

▲ Horace Vernet (1789-1863), *Napoléon Ier à la bataille de Wagram*, 1809, v. 1835.

Les appartements du Dauphin et de la Dauphine

Ces appartements étaient attribués aux membres proches de la famille royale. On retiendra plus particulièrement la présence du dauphin de Louis XV, Louis-Ferdinand, et de son épouse, la dauphine Marie-Josèphe de Saxe. Le décor actuel des pièces correspond à leurs aménagements entre 1747 et 1765.

Le 20 décembre 1765, Louis-Ferdinand, atteint d'une infection pulmonaire, décède, laissant ainsi la couronne de France à son deuxième fils qui deviendra Louis XVI.

INFOS PRATIQUES
Ces appartements se situent au rez-de-chaussée du château, sous le Grand Appartement de la Reine.

COMMENT DÉCOUVRIR LA PLANÈTE TERRE ?
Edme Mentelle (1730-1816), Globe terrestre et céleste commandé en 1786 par Louis XVI pour l'instruction du dauphin (livré à Versailles en 1788).
Ce globe terrestre, visible dans le grand cabinet du Dauphin, a été offert au premier fils de Louis XVI et de Marie-Antoinette, Louis-Joseph-Xavier, né en 1781. Le roi est très attentif à l'éducation du dauphin et il commande au géographe Mentelle ce globe terrestre afin que son fils découvre la cartographie du monde, les profondeurs sous-marines ainsi que la voûte céleste.

l'Isle de Fer

L'appartement du Dauphin, la chambre et la bibliothèque

Contrairement à son père, Louis-Ferdinand (1729-1765), l'un des dix enfants conçus par Marie Leszczynska et Louis XV, est passionné par la guerre. On lui sait un goût pour les parades, l'artillerie, et tout ce qui est lié à l'art de la guerre.

Qu'est-ce qu'un dauphin ?

On appelle "dauphin" l'héritier au trône et le descendant du roi régnant. Ce titre est donné au fils à qui revient la couronne de France, ou au successeur le plus direct parmi les descendants mâles du roi. Il est souvent dans l'ombre du roi, se devant d'attendre passivement son destin.
Les dauphins, en tant que futurs rois, subissent la jalousie, l'envie et les influences de ceux qui voudraient accéder au pouvoir.

◂ Lit de la Duchesse, chambre du Dauphin, v. 1740.

Un cadeau pour le dauphin

Sur le mur de la chambre, on découvre une toile peinte par Marie Leszczynska, qui représente une ferme d'époque. Elle copia ce tableau à partir d'une œuvre de son maître à dessiner, Jean-Baptiste Oudry, et l'offrit à son fils Louis-Ferdinand.

▲ Bibliothèque du Dauphin.

Une bibliothèque dédiée à l'étude

Afin de se préparer à son rôle de futur monarque, le dauphin reçoit une éducation complète et approfondie, liée aux principes et fonctions de la monarchie. Louis-Ferdinand est passionné par l'histoire, le commerce international et le droit. Il parle également plusieurs langues comme l'italien et l'anglais. On lui connaît par ailleurs des traductions du poète anglais Pope et de l'écrivain Addison.

LE COIN DES PETITS

Présentez à votre enfant les quatre tableaux au-dessus des portes de la bibliothèque, représentant des paysages marins, que l'on appelle des "marines".

L'appartement de la Dauphine

Le dauphin, Louis-Ferdinand, a du mal à se remettre de la mort de sa première épouse lorsqu'il se remarie à l'âge de dix-sept ans avec Marie-Josèphe de Saxe. La nouvelle dauphine, fille d'Auguste, roi de Pologne, et de Marie-Josèphe d'Autriche, souffre au début du manque d'attachement de son mari. Avec le temps, ils formeront un couple uni et vivront dans l'intimité de leurs appartements, partageant leurs moments à lire des ouvrages pieux et à jouer de la musique.

▲ Jean-Marc Nattier (1685-1766), *Portrait de Marie-Josèphe de Saxe*, dauphine de France, en 1747.

Mère des derniers rois de France

Marie-Josèphe de Saxe met au monde les derniers rois de France dans la chambre de ses appartements : le futur Louis XVI naît en 1754, Louis XVIII un an plus tard, et Charles X en 1757.

LE COIN DES PETITS
Dans le grand cabinet des appartements du Dauphin, vous pouvez rechercher où se trouve le baromètre doré ! Il symbolise la paix avec ses feuilles de laurier.

▲ Chambre de la Dauphine.

Qu'est-ce qu'un lit "à la polonaise" ?

Le lit qui se trouve dans la chambre de la Dauphine n'est pas celui de l'époque où elle vécut dans ces appartements, mais il rappelle ses origines polonaises. Ce lit "à la polonaise" est différent du lit "à la française"; il est formé d'un baldaquin qui recouvre le lit et se place contre le mur du côté de sa longueur.

Les appartements de Mesdames, filles de Louis XV

Ces appartements étaient dédiés aux six filles de Louis XV. Parmi elles, Madame Victoire et Madame Adélaïde occupèrent les lieux à partir de 1769 et y restèrent jusqu'à la Révolution française.
Le titre de Madame se donne toujours aux filles du roi ; ce protocole s'appelle "la titulature". Manquer à ce titre est un signe d'irrespect envers la famille royale.

INFOS PRATIQUES
Les appartements de Mesdames se situent au rez-de-chaussée du château, à droite de la cour de Marbre. Ils sont à l'opposé des appartements du Dauphin et de la Dauphine.

DEUX PRINCESSES EN FUITE
Jean-Marc Nattier (1685-1766), *Marie Adélaïde de France, dite "Madame Adélaïde", fille de Louis XV, en robe de cour tenant un éventail fermé à la main*, 1756.
Après la Révolution, Madame Victoire et Madame Adélaïde sont contraintes de quitter le château où elles vivent depuis leur enfance. Les deux sœurs se réfugient au château de Bellevue à Meudon, construit à la demande de Louis XV pour Mme de Pompadour. Le château est pillé et la peur des révolutionnaires les incite à quitter la France en 1791 pour se réfugier en Italie. Elles sont arrêtées en route mais, grâce à l'intervention de Mirabeau, elles parviennent jusqu'à Rome.

L'appartement de Madame Victoire

À son emplacement se trouvait autrefois l'appartement des Bains de Louis XIV, dont le décor a presque totalement disparu. Si la première antichambre évoque, par ses tableaux, la vie de la haute noblesse sous Louis XV, la seconde antichambre, appelée aussi "pièce des Nobles", accueille un magnifique paravent produit par l'une des grandes manufactures royales : la Savonnerie.

▲ Michel-Barthélemy Ollivier (1712-1784), *Le thé à l'anglaise servi dans le salon des Quatre-Glaces au palais du Temple à Paris en 1764.*

▲ Jean-Baptiste Charpentier (1728-1806), *La famille du duc de Penthièvre en 1768 ou La tasse de chocolat.*

Comment la noblesse se détend-elle sous Louis XV ?

Ce tableau nous donne une idée des réceptions organisées sous Louis XV. Cette scène se déroule chez le Prince de Conti, où, à l'heure du thé, dite "à l'anglaise", on déguste cette boisson entre aristocrates. Installé au clavecin, le jeune Mozart, âgé de sept ans, de passage à Paris, divertit l'assistance.

Quelle était la boisson préférée de la cour ?

Le chocolat devint une boisson prisée dès le règne de Louis XIV. C'était un véritable luxe, du fait de son prix exorbitant. Ce tableau témoigne de la vie quotidienne de la haute aristocratie, jouissant des plaisirs de la vie.

Les manufactures royales

Louis XIV créa ou développa une trentaine de manufactures royales, aux spécialisations variées, où les artistes français œuvraient à la gloire du roi. Des règles strictes de production étaient exigées pour que la qualité soit parfaite. La manufacture des Gobelins était réputée pour la qualité de ses tapisseries, Saint-Gobain se spécialisa dans les miroirs (galerie des Glaces), tandis que Saint-Étienne se lança dans la fabrication des armes.

▲ Paravent en tapisserie de la Savonnerie, salon des Nobles de Madame Victoire (fin du XVIIe-début du XVIIIe siècle).

Quel était l'usage des paravents ?
Ce paravent de la Savonnerie, réalisé vers 1720 d'après Blain de Fontenay, était destiné à moduler l'espace de la pièce, au gré des différents besoins. La fabrication des paravents se poursuivit tout au long des règnes de Louis XV et de Louis XVI. On en trouvait dans les principaux appartements de Versailles, ainsi que dans les autres châteaux royaux d'Île-de-France.

LE COIN DES PETITS
Comment reconnaît-on un meuble Louis XV ? C'est très simple ! Les pieds des meubles sont toujours ondulants. Faire découvrir à votre enfant les deux consoles aux pieds si particuliers.

Le grand cabinet

La musique a toujours occupé une place importante à Versailles. Louis XIII écrivit quelques compositions, Louis XIV adorait cet art et jouait de la guitare. Les filles de Louis XV s'y adonnèrent avec passion et Marie-Antoinette pratiquait la harpe. Mozart lui-même fut invité à Versailles...

Quelle histoire pour ce clavecin ?

Le clavecin de Blanchet nous fait traverser le temps. Imaginons le petit Mozart, âgé de huit ans, jouant du clavecin. En effet, en 1764, il dédia ici ses six premières sonates à Madame Victoire, qui excellait elle-même au clavecin.
Mozart (1756-1791) devint l'un des plus grands compositeurs de son temps. Dès son plus jeune âge, il fut considéré comme un génie.

▸ François Blanchet, clavecin, 1746.

LE COIN DES PETITS

Sur la cheminée, la pendule présente un animal à ne pas rater. C'est Jupiter transformé en taureau qui enleva Europe parce qu'il l'aimait.

La chambre, une pièce dédiée au repos et aux confidences

Le petit lit de Madame Victoire nous rappelle qu'autrefois on ne dormait jamais complètement couché.
Une superstition racontait que si on dormait allongé, la mort surviendrait. Le lit se compose de trois dossiers se terminant en une sorte de courbe, il s'agit d'un lit dit "à la turque", caractéristique de la fin du règne de Louis XIV.

Petit lit de Madame Victoire.

Jean-Baptiste Tilliard (1685-1752), canapé "à confident" (règne de Louis XV).

Qu'est-ce qu'un canapé "à confident" ?
Le canapé "à confident" exposé dans la chambre permettait de pouvoir glisser à l'oreille de son voisin tout ce qui devait rester secret grâce aux différentes possibilités de placement qu'il offre.

LE COIN DES PETITS
Le tableau de la pièce présente Victoire, accompagnée de son instrument. On peut montrer aux enfants le petit chien préféré de Victoire, placé à ses pieds.

La bibliothèque, une salle consacrée à l'éducation et la culture

Les filles de Louis XV sont très cultivées. Leur bibliothèque renferme de nombreux ouvrages précieux. Des cartes de géographie y sont également regroupées. Louis XV avait une grande affection pour ses filles et les rejoignait souvent dans leurs appartements, leur apportant lui-même des plats cuisinés. Victoire et Adélaïde préférèrent ne pas se marier pour garder leur statut de filles de France et vivre en dévotion à Versailles.

▲ La bibliothèque de Madame Victoire.

Où les filles de Louis XV reçurent-elles leur éducation ?

Les quatre dernières filles de Louis XV reçoivent une éducation très approfondie dans l'abbaye de Fontevraud, qui est l'une des plus riches et des plus prestigieuses de France. Elles vont y apprendre à lire, à écrire et à compter, mais aussi l'histoire, la biologie, la littérature et la tragédie grecque classique. Les religieuses leur enseigneront aussi la pratique artistique à travers le dessin et la musique.

LE COIN DES PETITS
Une sonnette de table dans la bibliothèque permettait aux sœurs de se prévenir de l'arrivée de leur père Louis XV.

▸ J. Hasse, clochette de table en vermeil, livrée pour le service de Madame Victoire au château de Bellevue, gravée aux armes et chiffre de la princesse en 1784.

L'appartement de Madame Adélaïde : le cabinet intérieur

Un neveu futur roi

Les portraits des neveux et nièces de Madame Adélaïde sont présentés dans ce cabinet. On reconnaît le dauphin, futur Louis XVI, et sa jeune épouse Marie-Antoinette, qui se marièrent en 1770.

◂ Le cabinet intérieur de Madame Adélaïde.

Un roi peu préparé au trône

Le jeune Louis XVI, dévot et simple, ne semblait pas fait pour assumer la charge de la royauté, malgré une éducation soignée. Il ne ressemblait pas à son grand-père Louis XV.

▸ Louis-Michel Van-Loo (1707-1771), *Portrait de Louis Auguste de France*, duc de Berry, dauphin de France (futur roi Louis XVI), (1754-1793).

Les premiers pas d'une reine

La jeunesse et la fraîcheur de Marie-Antoinette charmèrent immédiatement la cour. Cependant, son hostilité à l'égard de la maîtresse de Louis XV, Mme du Barry, échauffa les esprits. Elle s'unit avec les filles de Louis XV pour s'opposer à Mme du Barry que celles-ci méprisaient.

L'ancienne chambre de la marquise de Pompadour

La nature de la relation de Louis XV et de sa favorite, Mme de Pompadour, ayant changé, cette dernière s'installa en 1750 au rez-de-chaussée, où elle décéda le 15 avril 1764. Elle marqua les lieux de son empreinte, notamment par une décoration délicate et recherchée et par son mobilier qui s'imposa au milieu du XVIIIe siècle. Protectrice des Lettres, elle défendit les philosophes comme Voltaire et les écrivains, et encouragea la publication de *l'Encyclopédie*.

▲ La chambre de Madame Adélaïde.

▲ Le grand cabinet de Madame Adélaïde.

Le règne de la favorite

Favorite toute-puissante auprès du roi, Mme de Pompadour joua de son influence durant vingt ans dans la politique et dans la vie culturelle de la France. Elle devint la directrice des plaisirs du roi, entraînant Versailles dans une succession de fêtes et de bals. Un théâtre fut même aménagé, où des acteurs de la Comédie-Française déclamèrent les pièces les plus connues.

Le style Pompadour

Une de ses plus grandes réalisations fut la création de la manufacture de Sèvres. Elle créa une porcelaine raffinée qui s'imposa dans toute l'Europe pour concurrencer la porcelaine de Saxe. Les couleurs les plus représentatives de cette porcelaine sont le bleu, le vert et l'or.

◂ Assiette plate, décor "à rubans verts", réputée avoir fait partie du service offert par Louis XV à l'impératrice Marie-Thérèse en 1758.

Dans les jardins

Les jardins de Versailles sont un véritable chef-d'œuvre. Ils ont été imaginés et dessinés par André Le Nôtre (1613-1700) pour mettre le château en valeur. L'architecture végétale, les symétries, les vastes perspectives ornées de fontaines et de bosquets sont à l'image du jardin à la française. À travers les statues et les vases, on découvre les mythes gréco-romains qui inspirent les artistes de l'époque. Louis XIV se passionne pour les jardins de Versailles ; il aime s'y promener et suit de près leurs travaux d'embellissement. Il organise des fêtes somptueuses en plein air qui durent parfois plusieurs jours. Les jardins servent alors de décor aux bals, aux représentations théâtrales et aux feux d'artifice. Louis XIV a même écrit un ouvrage intitulé *Manière de montrer les jardins de Versailles* tant il aime faire visiter son parc.

INFOS PRATIQUES
Depuis la cour d'Honneur, on accède aux jardins en empruntant le passage couvert situé sur la gauche lorsqu'on fait face au château. Depuis la cour Royale, on emprunte la sortie située sur la gauche du bâtiment et qui mène à la cour des Princes. De là, en se dirigeant vers la droite, on découvre la terrasse du château d'où l'on peut admirer la majestueuse perspective des jardins.

OUVERTURE DES JARDINS
Du 1er avril au 31 octobre : tous les jours de 7 h à 20 h 30.
Du 1er novembre au 31 mars : tous les jours sauf le lundi, de 8 h à 18 h.

QUE REPRÉSENTE CE VASE ?
Jean-Baptiste Tuby (1635-1700), *Le vase de la Paix* (évocation de la paix de Nimègue en 1678).
Ce magnifique vase en marbre situé au niveau de la terrasse du château symbolise la paix. Sur les motifs du vase, la tête d'Apollon entourée de rayons rappelle que le jardin a été conçu en fonction du lever et du coucher du soleil.

►► INFOS PRATIQUES : Dans le prolongement de la terrasse du château, on aperçoit les deux grands bassins du parterre d'Eau qui conduisent au bassin de Latone.

Du côté de l'ouest

Un grand nombre de sculptures en marbre, en plomb ou en bronze décorent les innombrables allées et pièces d'eau des jardins. Le style classique de ces œuvres rappelle les modèles de l'Antiquité. Les vases et les statues racontent les légendes des héros et des dieux de la mythologie autour du mythe d'Apollon, le dieu du Soleil. On retrouve le soleil, emblème de Louis XIV, dans de nombreux décors : il évoque la puissance et le pouvoir du roi.

LE COIN DES PETITS
Dans le bassin de Latone, on peut rechercher les grenouilles, les lézards et les tortues qui sortent des flots.

Le bassin de Latone : la vengeance d'une mère

Entre 1668 et 1670, les frères Marsy réalisent la sculpture de Latone représentée au-dessus d'un rocher avec ses deux enfants : Apollon, dieu du Soleil, et Diane, déesse de la Chasse. Le bassin évoque la légende de Latone. En arrivant en Lycie, des paysans se moquent de Latone et l'empêchent de boire dans leur source. Latone implore Jupiter, le père de ses enfants, de la venger de cet affront. Fou de colère, le dieu des dieux transforme les paysans en grenouilles.

▲ Balthazar Marsy (1628-1674), Gaspard Marsy (1624-1681), *Le bassin de Latone*, 1668-1670.

Que symbolise cette scène ?

L'enfance tumultueuse d'Apollon rappelle celle de Louis XIV qui a été marquée par les émeutes de la Fronde de 1648 à 1653. La reine Anne d'Autriche, mère de Louis XIV, gouverne à cette époque le royaume de France. Elle est confrontée au mécontentement du peuple surchargé d'impôts et affronte la haine de la noblesse qui cherche à reprendre ses privilèges. Cet épisode a forgé le caractère du Roi-Soleil qui a renforcé son pouvoir tout au long de son règne.

▸▸ INFOS PRATIQUES : À la suite du bassin de Latone, on parcourt l'allée Royale également appelée "Tapis vert". Au bout de cette allée, on découvre le bassin d'Apollon et le Grand Canal.

Le bassin d'Apollon et le Grand Canal : entre ciel et eau

En descendant l'allée Royale, le bassin d'Apollon fait face au Grand Canal, véritable miroir d'eau séparant symétriquement le parc. Apollon, dieu du Soleil, fils de Jupiter et de Latone, est sur son char tiré par des chevaux ; les tritons qui l'entourent annoncent son passage, et la course du soleil commence.

▲ Jean-Baptiste Tuby (1635-1700), *Le bassin d'Apollon : le char d'Apollon*, 1668-1670.

Que fait-on sur le Grand Canal sous Louis XIV ?

Commencé en 1668 et terminé en 1679, le Grand Canal est un énorme chantier. Le roi y fait arrimer une flotte de guerre miniature, mais également des gondoles pour les promenades sur l'eau. En hiver, le canal gelé se transforme en une immense patinoire où les habitants du palais pratiquent le patin à glace et le traîneau.

▸▸ INFOS PRATIQUES : À droite de la terrasse du château, le parterre du Nord composé de surfaces de gazon et de haies de buis mène à la fontaine de la Pyramide.

Du côté du nord

La fontaine de la Pyramide et le bain des Nymphes

La Pyramide a été réalisée par l'un des grands sculpteurs de l'Académie royale de peinture et de sculpture, François Girardon, d'après un dessin du peintre Le Brun. Elle est composée de tritons, de dauphins et d'écrevisses en plomb. Dans la mythologie grecque, Triton est le fils de Poséidon, dieu de la Mer, et d'Amphitrite. Son corps se termine par deux grandes queues de poisson. Triton annonce au son de sa trompette l'arrivée de Poséidon et calme la mer lorsqu'il y a des tempêtes.

▴ François Girardon (1628-1715), *La fontaine de la Pyramide*, 1668-1670.

▴ François Girardon (1628-1715), Nicolas Legendre (1619-1671), *Le bain des nymphes de Diane*, 1668-1670.

Qui sont les nymphes ?

À proximité de la fontaine, en contrebas, on peut contempler *Le bain des nymphes de Diane*. Sur le bas-relief (sculpture sur façade), les nymphes, divinités des eaux et filles de Zeus, sont représentées jouant dans une rivière. Elles naissent de la pluie, qui se transforme ensuite en source, et protègent la nature.

▸▸ INFOS PRATIQUES : Après la fontaine de la Pyramide, en descendant l'allée d'Eau bordée de petites fontaines, on accède aux bassins du Dragon et de Neptune.

L'allée d'Eau

L'allée d'Eau, appelée aussi "allée des Marmousets", composée de vingt-deux petites fontaines, rappelle l'importance des effets d'eau dans les jardins. Louis XIV veut un jardin qui émerveille et attire le regard du visiteur. L'eau devient un élément fondamental dans l'architecture des jardins, à travers les jeux de miroirs et les divers jets d'eau qui jaillissent des fontaines.

▴ L'allée des Marmousets.

Comment acheminer l'eau dans les jardins ?

Lors de la construction du château et des jardins, les ressources en eau sont presque inexistantes. Au prix de nombreux travaux et à la suite de nouvelles inventions dans le domaine hydraulique, la construction de la machine de Marly, de De Ville et Sualem en 1675 permet d'acheminer l'eau de la Seine jusqu'à Versailles. Cette gigantesque machine, qui comporte quatorze roues de douze mètres de diamètre, est un véritable exploit technique pour l'époque.

Qu'y a-t-il sous les jardins ?
De nombreuses canalisations parcourent sur des kilomètres les dessous du jardin. Les premières canalisations sont fabriquées en plomb mais celui-ci coûte très cher et on le remplace ensuite par de la fonte. On trouve également des réservoirs d'eau qui alimentent les fontaines. À cette époque, les savants obtiennent de remarquables avancées dans le domaine de l'étanchéité et de la plomberie.

LE COIN DES PETITS
Qui se cache sous les fontaines de l'allée d'Eau ? Sous chaque fontaine, se trouvent trois petits garçons. On les appelle des "marmousets", un mot dérivé de "marmot", qui signifie "petit enfant".

▸ **Louis Lerambert (1620-1670), L'allée d'Eau ou des Marmousets, vasque de l'allée Est, *Fontaine des trois enfants musiciens*, 1669.**

Le bassin du Dragon : un combat mythologique

Ce bassin est l'un des plus anciens des jardins de Versailles. Il a été sculpté par les frères Marsy en 1667. Il évoque le combat légendaire et la mort du monstre Python, représenté ici en dragon, transpercé par les flèches du dieu Apollon. Le jet d'eau qui jaillit de la bouche du dragon est le plus haut de toutes les fontaines de Versailles. Il atteint vingt-sept mètres.

▲ Gaspard Marsy (1625-1681), Balthazar Marsy (1628-1674), Edme Antony Tony-Noël (1845-1909), *Le bassin du Dragon*, 1889.

Quelle est la symbolique du dragon dans la mythologie grecque ?

Le dragon est un animal fantastique : un reptile monstrueux avec des griffes mortelles, des ailes de chauve-souris et une peau recouverte d'écailles. Dans l'Antiquité, le dragon est assimilé aux forces du mal, il est souvent le gardien d'un lieu interdit et protège des trésors cachés. Dans de nombreux récits, les héros de la mythologie grecque combattent ces puissantes créatures maléfiques.

▲ Adam l'Aîné (dit), Lambert Sigisbert Adam (1700-1759), *Le bassin de Neptune*, 1736-1740.

Le bassin de Neptune

Ce groupe de sculptures représente le dieu de la Mer et des Océans, appelé Poséidon par les anciens Grecs et Neptune par les Romains. Il est représenté avec sa longue barbe et son trident qui lui permet de déchaîner les eaux de la mer. À ses côtés figure sa femme Amphitrite qui tient un sceptre à la main. Le couple est assis sur un grand coquillage entouré d'animaux marins.

Combien de temps ont duré les travaux ?
La réalisation de ce bassin débute en 1679 et nécessitera presque un siècle de travaux. Le Nôtre dessine la forme du bassin, l'architecte Hardouin-Mansart commence la construction en 1684 et ce n'est que sous Louis XV que s'achève le projet, sous la direction de Gabriel.

Comment a été réalisé ce bassin ?
En 1735, la Surintendance des Bâtiments propose un concours pour créer le décor de ce bassin. Plusieurs artistes y participent et le prix est remporté par Lambert Sigisbert Adam pour la réalisation de la sculpture de Neptune et Amphitrite.

Qui est le personnage sur la licorne ?
À gauche du couple, on aperçoit Protée, le berger des animaux marins, assis sur une licorne. Il est devin, mais ne révèle l'avenir que sous la contrainte. Pour échapper à ceux qui le pressent de questions, il a le pouvoir de se transformer.

LE COIN DES PETITS
Un phoque est caché parmi les animaux marins. Où est-il ?

▸▸ INFOS PRATIQUES : À gauche de la terrasse du château, le parterre du Midi nous mène en contrebas de l'Orangerie. Il suffit d'emprunter l'un des escaliers dit "des cent marches" pour y accéder.

Du côté du midi

Le parterre du Midi

Le parterre du Midi est situé sous les fenêtres du Grand Appartement de la Reine. Les fleurs, les plantes et les petits arbustes forment des dessins symétriques. Sous le règne de Louis XIV, on y plante des fleurs de toutes les couleurs : tulipes, jasmins, lys, coquelicots et jonquilles.

▴ Vue du parterre du Midi.

Qui a créé le parterre du Midi ?

C'est le dessinateur des jardins du roi, André Le Nôtre (1613-1700), jardinier, architecte et peintre. Le parterre du Midi est l'une des premières créations de Le Nôtre. Dès 1663, ce grand ami du roi Louis XIV dessine les plans des jardins de Versailles et participe à leur aménagement qui durera une quarantaine d'années.

▲ L'Orangerie.

L'Orangerie, un édifice faisant office de serre

L'Orangerie a été construite par Hardouin-Mansart entre 1684 et 1686. Elle abrite des grenadiers, des orangers, des citronniers, des lauriers-roses et des palmiers. Ces arbres, poussant généralement sous des climats chauds, sont exposés en extérieur durant l'été, mais rentrés dans l'Orangerie pendant l'hiver. Ses murs épais permettent de maintenir une température propice.

L'art et le végétal

Le parterre de l'Orangerie a été restauré suivant les plans de Le Nôtre, les arabesques et le dessin du parterre sont représentatifs de l'art végétal que l'on retrouve dans tout le jardin. Les massifs et arbres taillés, les palissades (mur végétal), les topiaires (arbustes taillés de formes géométriques), les arabesques, les contours fleuris et les broderies de buis s'inscrivent harmonieusement dans la nature.

▸▸ INFOS PRATIQUES : Les bassins des Quatre Saisons se trouvent à la suite du bassin de Latone. Ils se situent au centre du jardin, dans les allées parallèles à l'allée Royale : à droite de l'allée Royale, le bassin de Cérès (été) ; dans son prolongement le bassin de Flore (printemps) ; à gauche le bassin de Bacchus (automne) et le bassin de Saturne (hiver).

Les bassins des Quatre Saisons

Les bassins évoquent les quatre saisons de l'année. Ils montrent l'influence du soleil au fil des saisons ; ils ont été conçus vers 1672 à partir des dessins de Le Brun.

Flore ou le printemps

La déesse Flore fait renaître la nature et les fleurs suite à la rigueur de l'hiver. Les bourgeons s'ouvrent et les fleurs apparaissent. Flore est posée sur des guirlandes de roses et d'anémones.

Qui est Mars ?

Mars est le dieu de la Guerre. Junon l'a mis au monde avec l'aide de la déesse Flore, qui lui donna une fleur au pouvoir de fécondité. Le mois de Mars est le premier mois du calendrier des Romains et correspond au commencement du printemps.

▸ Jean-Baptiste Tuby (1635-1700),
Le bassin de Flore : l'île du printemps, 1672-1675.

Cérès ou l'été

Entourée de petits cupidons, Cérès est allongée sur un lit d'épis de blé. L'été est propice à la récolte des céréales, les journées s'allongent et le soleil est présent plus longtemps.

◂ Thomas Regnaudin (1622-1706), *Le bassin de Cérès : l'île de l'Eté*, 1672-1679.

Qui est Cérès ?

Déesse de l'Agriculture et des Moissons, elle est habituellement coiffée d'une couronne d'épis de blé. Les Grecs et les Romains la vénèrent et organisent tout au long de l'année des fêtes en son honneur.

▴ Balthazar Marsy (1628-1674), Gaspard Marsy (1624-1681), *Le bassin de Bacchus ou de l'Automne, 1673-1675.*

Bacchus ou l'automne

Bacchus (*Dionysos* en grec), dieu du Vin et de l'Ivresse, repose sur des grappes de raisin. Il évoque les plaisirs de la vie. Il est accompagné de petits satyres qui contemplent la récolte des vendanges et goûtent le raisin.

Qu'est-ce qu'un satyre ?

Un satyre est une créature maléfique de la mythologie qui accompagne généralement le dieu du Vin. Son apparence est effrayante puisqu'il a des pattes de bouc et un corps d'humain.

Saturne ou l'hiver

Saturne, dieu du Temps, est représenté sous les traits d'un vieillard ailé. Sous ses mains, un rocher recouvert d'un drap rappelle l'histoire de la naissance de Jupiter.

LE COIN DES PETITS
Vous pouvez admirer avec vos enfants les nombreux coquillages et étoiles de mer qui ornent ce bassin.

François Girardon (1628-1715), *Le bassin de Saturne ou l'Hiver*, 1672-1677.

Quelle est l'histoire de la naissance de Jupiter ?

Saturne est le père de Jupiter. Informé que l'un de ses fils viendra à le détrôner du royaume de l'Olympe, il décide alors de manger chacun de ses enfants pour éviter que la prédiction ne se réalise. Mais sa femme, Cybèle, est bien décidée à sauver sa progéniture. Au moment où Saturne avale Jupiter, Cybèle réussit à remplacer le nouveau-né par une pierre enroulée dans des langes. Jupiter est ainsi sauvé de la gloutonnerie de son père et le chassera de l'Olympe.

▸▸ INFOS PRATIQUES : Le bosquet de l'Encelade est proche du bassin d'Apollon. Après l'allée Royale, prendre la première petite allée à droite ; elle conduit au bosquet de l'Encelade.

Le bosquet de l'Encelade : une histoire de géant

Au centre du bassin, Encelade, chef des géants, est puni pour avoir tenté d'escalader le mont Olympe, malgré l'interdit de Jupiter. Devant l'insolence d'Encelade, Jupiter le couvre de lave de l'Etna, célèbre volcan de Sicile. On raconte que lorsque le géant essaie de se retourner, il fait trembler la Sicile.

▲ Gaspard Marsy (1624-1681), *Le géant Encelade à demi enseveli sous les rochers des monts Ossa et Olympe lors de sa lutte contre les dieux*, 1675-1676.

Que signifie cet épisode pour Louis XIV ?

Jupiter est le roi des dieux ; il règne sur le mont Olympe, célèbre montagne du nord de la Grèce. Il commande la foudre, les éclairs et le tonnerre. Comme Jupiter, Louis XIV affirme son autorité de manière absolue. Face à ses opposants, il ne transige pas et peut être sans pitié envers ceux qui lui désobéissent.

▸▸ INFOS PRATIQUES : Le bosquet de la Colonnade se rejoint par l'allée Royale. Juste avant le bassin d'Apollon, prendre la première allée à gauche.

Le bosquet de la Colonnade : l'architecture dans les jardins

La Colonnade a été conçue par l'architecte Hardouin-Mansart sur commande de Louis XIV. Ce bosquet circulaire est un jardin sans plantes où l'architecture prend toute sa dimension. Cet ensemble est appelé "péristyle" ; il est composé de trente-deux colonnes de marbre soutenant des arcades. Une corniche sur laquelle sont placées des urnes le surplombe.

Que symbolise le groupe sculpté ?

Il représente l'enlèvement de la belle Proserpine par Pluton, le dieu des Enfers. Pluton s'est épris de la jeune femme et veut absolument l'épouser. Il la capture alors qu'elle est en train de cueillir des fleurs. Mais Cérès, la mère de Proserpine, demande à récupérer sa fille. Ils trouvent un compromis : Proserpine restera six mois de l'année aux Enfers et six mois sur terre.

D'où vient le marbre ?

Le marbre est une roche de calcaire dur. Le marbre blanc est généralement extrait dans les grandes carrières de marbre de Carrare en Italie (Toscane). Celui de couleur bleue, violette et rouge provient essentiellement du Languedoc dans le sud-ouest de la France.

▲ François Girardon (1628-1715), *L'Enlèvement de Proserpine par Pluton*, 1677-1699.

LE COIN DES PETITS

Au-dessus de chaque colonne, de petits amours jouent de la musique. On peut s'amuser avec les enfants à retrouver les différents instruments (flûte, hautbois, trompette, etc.).

Quelle est l'histoire du cycle des saisons ?

On dit que les mois d'automne et d'hiver représentent le temps que Proserpine passe dans les Enfers, tandis que son retour à la surface marque l'arrivée du printemps et de l'été.

▸▸ INFOS PRATIQUES : Le bosquet des Bains d'Apollon et l'île des Enfants se trouvent à droite du bassin de Latone, lorsqu'on regarde le Grand Canal, à côté du bassin de Cérès. Pour découvrir les Bains d'Apollon, se positionner dos au château et prendre la petite allée qui se trouve en contrebas du bassin de Cérès. Pour l'île des Enfants, suivre la grande allée qui se situe à droite du bassin de Cérès et emprunter la première allée à droite.

Le bosquet des Bains d'Apollon

À la suite de nombreuses tempêtes, les jardins de Versailles subissent des réaménagements à partir de 1775. Louis XVI demande à Hubert Robert de dessiner les nouveaux plans du bosquet des Bains d'Apollon. Les trois groupes de sculptures de marbre blanc qui datent de Louis XIV se fondent alors dans un cadre de verdure.

Retour à la nature sauvage

Le XVIIIe siècle, Siècle des lumières, des grands débats d'idées et de la philosophie, marque un retour à la vie simple, à la nature sauvage. Ce genre nouveau remporte un grand succès en Angleterre. On retrouve cette idée avec ce bosquet constitué de cascades d'eau, de rochers, d'un étang et d'une grotte artificielle.

▲ François Girardon (1628-1715), Thomas Regnaudin (1622-1706), Le bosquet des Bains d'Apollon : *"Apollon servi par les nymphes"*, 1666-1675.

Quelle est la signification de cette sculpture ?

Au centre de la grotte, l'œuvre de Girardon et Regnaudin met en scène Apollon, qui se repose après avoir parcouru la course quotidienne du soleil sur son char. Des nymphes lui font sa toilette avant son prochain départ, tandis que les chevaux du Soleil l'attendent en contrebas.

L'île des Enfants : des enfants et des fleurs

Cette magnifique fontaine a été conçue en 1710 par Jean Hardy. Elle représente de jeunes enfants insouciants qui s'amusent sur une île fleurie. Les sculptures sont en plomb doré ; ce métal est utilisé sous le règne de Louis XIV pour la conception de nombreux décors du jardin car il résiste à l'humidité.

▲ Jean Hardy (1653-1737), *Le bassin de "l'île des Enfants"*, 1710.

D'où proviennent ces sculptures d'enfants ?

Ces sculptures viennent de l'ancien Trianon de Porcelaine qui a été détruit et remplacé plus tard par le Trianon de Marbre. Le Trianon de Porcelaine était recouvert de faïence imitant la porcelaine chinoise, et les thèmes principaux des sculptures décoratives étaient les enfants et les fleurs.

Le Grand Trianon

En 1668, Louis XIV achète le village de Trianon et fait construire une demeure de plaisance appelée le "Trianon de Porcelaine" car il est décoré de faïence bleue et blanche. En 1686, le roi ordonne sa destruction et charge, l'année suivante, Hardouin-Mansart de bâtir un nouveau palais. Appelé "Trianon de Marbre", il est utilisé par les rois pour de courts séjours destinés au repos et au plaisir. Napoléon Ier, devenu empereur, visite le château de Versailles et décide de remeubler le Grand Trianon, dépouillé par la Révolution, pour y séjourner avec sa deuxième épouse, l'impératrice Marie-Louise.

INFOS PRATIQUES

Le Grand Trianon est situé à l'extrémité du parc. Il existe plusieurs chemins pour y parvenir : à pied en passant par les jardins ou avec le petit train ; celui-ci effectue de nombreux allers-retours en direction du Trianon. Le boulevard de la Reine dans la ville de Versailles mène également au Trianon.

OUVERTURE DES CHÂTEAUX DE TRIANON ET DU DOMAINE DE MARIE-ANTOINETTE

Du 1er avril au 31 octobre : tous les jours sauf le lundi, de 12 h à 18 h 30 (dernière admission : 18 h).
Du 1er novembre au 31 mars : tous les jours sauf le lundi, de 12 h à 17 h 30 (dernière admission : 17 h)

UN PALAIS SANS ÉTAGE
Jules Hardouin-Mansart (1646-1708), *Vue extérieure du Grand Trianon, péristyle côté jardin*, 1687-1688.
Le château de Versailles est doté de plusieurs niveaux afin de représenter l'éminence du pouvoir royal. Le Grand Trianon ne possède pas d'étage car les règles de vie qui constituent l'étiquette à Versailles n'y sont pas obligatoires. Les rois Louis XIV, Louis XV et Louis XVI viennent s'y promener et organisent de nombreuses fêtes. Le bâtiment tout en pierre est décoré d'arcades et de colonnes de marbre rose du Languedoc et de marbre vert des Pyrénées.

▸▸ INFOS PRATIQUES : Après le vestibule, on découvre de nombreuses salles parmi lesquelles on discerne le boudoir, le salon des Glaces et la chambre de l'Impératrice.

Le salon des Glaces

L'aile gauche du Grand Trianon regroupe les anciens appartements de l'impératrice Marie-Louise, fille de l'empereur François Ier d'Autriche et petite-nièce de Marie-Antoinette. Le 2 avril 1810, Marie-Louise a épousé Napoléon Ier. Elle lui a donné un fils un an plus tard. Les miroirs qui décorent la pièce datent de Louis XIV qui utilisait cette salle comme grand cabinet.

LE COIN DES PETITS
Les deux tables de la pièce possèdent des griffes de lion. Vous pouvez vous amuser à les chercher avec les plus petits.

▸ **François-Honoré-Georges Jacob-Desmalter (1770-1841), table dite "boîte aux lettres" et chaise, 1805-1810.**

Quelle est la fonction des petites tables de cette pièce ?

Les deux petites tables en acajou qui se terminent par des pieds en forme de X appartiennent à l'impératrice Marie-Louise. Dans son salon, elle aime jouer du piano, écrire des lettres et faire de la broderie. La table vide-poche possède un plateau qui permet de déposer des petits objets comme des clés. La table boîte aux lettres possède une petite fente par laquelle on peut glisser du courrier.

D'où vient l'acajou ?

L'acajou est un arbre tropical rouge qui vient d'Amérique du Sud ou d'Afrique. Son bois rouge devient foncé en vieillissant ; il est très à la mode dans la fabrication des meubles sous Napoléon Ier.

‣ Le salon des Glaces.

Qu'est-ce qu'un boudoir ?

Le boudoir de Marie-Louise se trouve à côté du salon des Glaces. C'est une pièce raffinée réservée aux dames ; elle est très répandue dans les grandes demeures françaises sous Louis XV et Louis XVI ; les femmes peuvent y "bouder", y recevoir leurs amies et partager des secrets en toute tranquillité.

La chambre de l'Impératrice, ancienne chambre de Louis XIV

La couleur rouge-violet, très présente dans les éléments du décor de cette chambre, évoque le pouvoir. L'emplacement du lit et de la balustrade (petite barrière qui sépare le lit du reste de la pièce) rappelle les chambres des rois et des reines sous la monarchie. L'impératrice Marie-Louise en fit sa chambre après 1810.

Un mobilier pour la toilette

L'impératrice peut se préparer dans sa chambre grâce à cette table de toilette en bois de frêne d'origine française qui est composée d'un plateau et d'un miroir. Un peu plus loin se trouve une "athénienne" qui sert de lavabo. Sa cuvette en porcelaine de Sèvres est posée sur un meuble orné de têtes de naïades, déesses des Rivières.

LE COIN DES PETITS
À qui appartiennent les initiales ML qui se situent sur les corbeilles à linge de chaque côté du lit ?
À l'impératrice Marie-Louise.

▲ A. T. Beaudouin (marchand de meubles), table coiffeuse à colonnes, 1809.

Pourquoi ce mobilier est-il d'origine française ?
Le 21 novembre 1806, Napoléon décide d'empêcher ses ennemis anglais de faire du commerce avec l'Europe. La France ne commande plus de meubles en bois exotiques et privilégie la fabrication française. Ce blocus continental est destiné à ruiner l'économie de la Grande-Bretagne.

Le péristyle

Au cœur du Grand Trianon, le péristyle reliait l'appartement de l'Impératrice à celui de Napoléon. L'empereur avait fait installer des vitrages entre les colonnes pour éviter le froid ; aujourd'hui ces aménagements ont disparu.

▲ Le péristyle du Grand Trianon, reliant l'aile sud à celle du nord.

Qu'est-ce qu'un péristyle ?

C'est une galerie de colonnes autour d'une cour ou d'un bâtiment. Les Grecs construisaient des péristyles autour des temples dédiés aux dieux et aux divinités. Cet élément de construction est de style néoclassique, car il s'inspire de l'architecture classique des Gréco-Romains.

▶▶ INFOS PRATIQUES : L'appartement de Napoléon Ier se trouve à la suite du péristyle. Après la visite, on peut parcourir le salon Rond dont le décor date de Louis XIV, le salon de famille de Louis-Philippe qui séjourna également à Trianon et le salon topographique de l'Empereur que celui-ci utilisait comme bibliothèque.

La chambre de l'Empereur et la salle de bain

C'est l'ancien grand cabinet de Louis XV. Les boiseries de la chambre datent de son règne. Dans la chambre de Napoléon tapissée de soie jaune et argent, on retrouve une athénienne créée par l'ébéniste Marcion, un bureau en forme d'arc de triomphe et une petite table de nuit appelée "*somno*" qui signifie "je dors" en latin. Le petit lit est du style décoratif qui s'inspire de l'Antiquité et qu'on appellera le "style Empire".

‣ Jacob Frères (1796-1803), *somno* orné d'un trépied.

Qu'est-ce qu'un guéridon ?

Cette petite table ronde qui ne possède qu'un pied est apparue en France sous Louis XIV. Ce n'est qu'au XVIIIe siècle qu'elle connut un grand succès dans le mobilier des classes populaires les plus aisées.

D'où provient l'eau de la salle de bain ?

La salle de bain est très utilisée par Napoléon qui aime prendre des bains ; l'eau provient des réservoirs qui se trouvent au-dessus de l'appartement.
L'un des réservoirs était chauffé par un poêle, ce qui permettait d'avoir de l'eau chaude.

▸ Pierre-Benoît Marcion (1769-1840), athénienne et lavabo, 1810.

Quel est l'usage de cette chaise ?

Ce magnifique bidet sert à la toilette intime ; il a été réalisé par l'un des plus grands ébénistes de l'Empire, Jacob-Desmalter. Ce meuble indépendant formé d'une chaise basse est apparu vers le XVIIe siècle. À l'intérieur se trouve une cuvette en faïence décorée de motifs bleus.

◂ François-Honoré-Georges Jacob-Desmalter (1770-1841), bidet de la salle de bain de Napoléon Ier au Grand Trianon, 1810.

LE COIN DES PETITS

La moquette de la salle de bain rappelle la fourrure d'un animal. Quelle est cette peau d'animal ? C'est celle du léopard !

Le salon des Malachites

En juin 1807 à Tilsit, le tsar de Russie Alexandre Ier signe une alliance avec Napoléon Ier contre ses ennemis l'Angleterre et la Prusse. Dans ce salon, on retrouve les objets en malachite (pierre verte utilisée dans la fabrication de bijoux ou d'œuvres d'art) offerts à Napoléon par le tsar en gage de paix.

▲ *Salon des Malachites* du Grand Trianon.

Qu'est-ce qu'une vasque ?

Au centre de la pièce se trouve une somptueuse vasque réalisée en malachite ; cette large cuvette repose sur des pieds en bronze doré qui représentent des chimères, petits monstres de la mythologie dont les parties du corps sont associées au lion et à la chèvre.

Chacun son siège

Les sièges du salon des Malachites sont attribués à des personnes selon leur rang. Sous Napoléon Ier, le canapé est réservé à l'Empereur et à l'Impératrice, les fauteuils aux membres de la famille, les chaises aux invités et les pliants (siège sans bras ni dossier qui peut être plié) aux officiers des armées.

La galerie des Cotelle

La galerie des Cotelle fut construite afin de protéger, durant les mois d'hiver, les fleurs du parterre haut. Elle permet d'accéder à l'aile de Trianon-sous-Bois depuis le corps central. Ses seize fenêtres lui confèrent une grande luminosité. C'est dans cette pièce, dont l'ameublement date du Premier Empire, que fut signé en 1920 le traité de Trianon, entérinant la paix avec la Hongrie.

D'où la galerie tire-t-elle son nom ?

Son nom vient de celui de Jean Cotelle, auteur de la grande majorité des tableaux accrochés ici et qui représentent des vues des jardins de Versailles et de Trianon sous Louis XIV.

Le domaine de Marie-Antoinette

L'architecte Gabriel construisit le château du Petit Trianon sous la tutelle de Mme de Pompadour, de 1763 à 1768. Au même moment, Louis XV y ajouta un jardin botanique et une ménagerie. Depuis sa construction, ce petit domaine est réservé aux femmes.

Plus tard, Louis XVI offrit cette résidence champêtre à sa jeune épouse Marie-Antoinette. Elle aménagea ce lieu selon ses goûts. Marie-Antoinette fit bâtir par la suite un temple de l'Amour, un belvédère, un manège puis, en 1780, un théâtre et enfin un hameau.

INFOS PRATIQUES

Le Petit Trianon se trouve au fond du parc, non loin du Grand Trianon.

OUVERTURE DES CHÂTEAUX DE TRIANON ET DU DOMAINE DE MARIE-ANTOINETTE

Du 1er avril au 31 octobre : tous les jours sauf le lundi, de 12 h à 18 h 30 (dernière admission : 18 h).

Du 1er novembre au 31 mars : tous les jours sauf le lundi, de 12 h à 17 h 30 (dernière admission : 17 h).

UN PETIT CHÂTEAU

Jacques-Ange Gabriel (1698-1782), ***Le Petit Trianon*****, 1763-1768.**

Cet édifice carré de style néoclassique comprend trois niveaux, dont le plus haut est surplombé d'un balustre. Chaque côté comprend cinq fenêtres par étage, ce qui permet à la lumière de baigner les pièces. Son décor extérieur emprunte son style à l'Antiquité. Les lignes sont droites, agrémentées de sculptures de guirlandes de fleurs et de corbeilles de fruits.

Le Petit Trianon, royaume de la reine

Lorsque Louis XVI remet à Marie-Antoinette les clés du Petit Trianon, un véritable changement des mœurs s'opère. Pour la première fois en France, une reine devient propriétaire de son château. Elle y vit d'une manière simple avec ses enfants, loin des contraintes de la cour.

Comment Marie-Antoinette vivait-elle à Trianon ?
L'été, le Petit Trianon accueillait la reine et son propre service de domestiques. Elle pouvait y gérer toutes les affaires courantes. Elle seule avait le droit de décider qui viendrait la visiter. Elle y invitait parfois le roi pour souper. Les dimanches, elle privilégiait les visites de ses bonnes et de leurs enfants, qu'elle comblait de bienveillance.

Une mode qui change

Au Petit Trianon, Marie-Antoinette changea également de mode vestimentaire, préférant des tenues plus simples dans lesquelles elle pouvait se mouvoir facilement. Elle déjeunait parfois sur l'herbe cheveux lâchés, coiffée d'un chapeau de paille.

Une innovation technique

L'une des particularités du Petit Trianon est le cabinet des Glaces mouvantes. Grâce à un ingénieux système, des miroirs pouvaient venir se placer devant les fenêtres.

▲ Richard Mique (1728-1794), *Le petit théâtre de la Reine.*

Le petit théâtre de la Reine

Son goût pour l'art et l'amusement la poussa à demander à Louis XVI de lui faire construire un petit théâtre. Marie-Antoinette prenait plaisir à y donner des représentations, dans lesquelles elle jouait elle-même. Elle monta même une troupe de théâtre, la Troupe des seigneurs. Mais cet engouement pour le théâtre ne fut pas du goût de tous. À l'époque, il était inconcevable qu'une reine se montre en public en jouant la comédie. La cour, contrairement à son époux, critiqua vivement ce comportement jugé trop libre.

Le pavillon Français

Passionné par la nature et les plantes rares, Louis XV créa en 1749 une ménagerie. Un an plus tard, le pavillon Français fut érigé par l'architecte Gabriel. Composé d'un salon circulaire et de quatre petites pièces, il servait de lieu de détente au roi, qui y venait avec Mme de Pompadour.

D'où le pavillon tire-t-il son nom ?

On l'appelle le "pavillon Français" parce qu'il a été bâti au centre d'un jardin aux tracés réguliers qu'on commençait à qualifier sous l'Ancien Régime de "jardin à la française".

Quels étaient les animaux qui peuplaient la ménagerie disparue ?

Des animaux domestiques et des animaux de ferme cohabitaient dans cette ménagerie. Ainsi, on y trouvait des vaches, des brebis, des poules, une volière, mais également des chiens soigneusement sélectionnés par le roi.

Le Belvédère et le temple de l'Amour

En 1777, l'architecte de Marie-Antoinette, Richard Mique, bâtit le Belvédère dans un style classique sur une petite butte face à un lac. Sur les frontons sont sculptées des allégories évoquant les plaisirs de la chasse et du jardinage, tandis que des bas-reliefs évoquent les quatre saisons. En 1778, le temple de l'Amour vit le jour. Au centre, on découvre l'Amour taillant son arc dans la massue d'Hercule. Marie-Antoinette pouvait l'apercevoir depuis sa chambre du Petit Trianon.

Qu'est-ce qu'un fronton ?
C'est un couronnement d'édifice de forme souvent triangulaire. Chez les Grecs, ces frontons sont toujours sculptés et représentent des scènes mythologiques.

Qu'est-ce qu'un bas-relief ?
C'est une sculpture dont les reliefs sont très peu prononcés et se détachent faiblement de sa paroi.

▲ Joseph Deschamps (1743-1794), Richard Mique (1728-1794), Petit Trianon, jardin anglais : *le temple de l'Amour*, 1778.

Qu'est-ce qu'une colonne corinthienne ?
Le style corinthien se caractérise sur ses colonnes par une terminaison de feuilles d'acanthe. Le corps des colonnes, appelé "fût" ou "tronc", possède des cannelures assez fines.

Le hameau de la Reine

En 1783, Marie-Antoinette demande à l'architecte Mique de créer, à l'extrémité des jardins de Trianon, un petit village constitué de maisons aux toits de chaume de style normand. Elle souhaite vivre à l'écart des obligations et de l'étiquette de la cour de Versailles.

▲ La maison de la reine au Hameau.

Une maison rustique pour la reine ?

La maison de la reine au Hameau paraît, vue de l'extérieur, assez modeste et simple. L'intérieur était pourtant très raffiné avec de beaux meubles, des tapisseries et de la vaisselle en porcelaine de Sèvres. L'édifice se compose de deux maisonnettes unies par une longue galerie de bois. À droite, la maison avec des salons, une salle à manger et un cabinet de jeu, et à gauche une salle de billard et un appartement.

Quelle était la fonction des autres maisons du Hameau ?
Autour du lac, on trouve le moulin à eau et son lavoir, le réchauffoir avec sa cuisine, le boudoir salon intime de la reine, le colombier où étaient logés les pigeons, la maison du garde. La laiterie conservait au frais les fromages et les fruits rouges. Il existait à l'époque une salle de bal qui se trouvait dans la grange. La tour de Malborough qui ressemble à un phare surplombe le lac ; son nom vient d'une chanson qui était à la mode sous Louis XVI, *Malbrough s'en va-t-en guerre*, chantée par la nourrice du dauphin.

Comment s'amusait-on au Hameau ?
On pêchait du haut de la tour de Malborough, on se baladait sur les barques du lac, on jouait à colin-maillard. On pouvait également faire une partie de trictrac, jeu de hasard se jouant avec des dés sur un plateau ressemblant au backgammon.

Une ferme pour la reine

Louis XVI offre à son épouse Marie-Antoinette la construction d'une ferme près de son Hameau. La reine va y rassembler plusieurs animaux qu'elle affectionne particulièrement. La ferme était gérée par un fermier et sa famille. Une étable abritait les vaches, les chèvres, un bouc, des poules, des coqs et des lapins. Le fermier récupérait le lait des vaches pour la fabrication des produits laitiers.

Une école pour apprendre à respecter les animaux

Aujourd'hui, la ferme est dirigée par la Fondation Assistance aux animaux. Les enfants peuvent venir voir de nombreux animaux (vaches, chèvres, canards, etc.) et regarder comment ils vivent. Le but de cette fondation est de sensibiliser les enfants à la protection des animaux.

Les écuries et le musée des Carrosses

Pour préparer l'arrivée du roi Louis XIV et de la cour à Versailles, le château nécessite de nombreux aménagements. Le roi a besoin d'écuries pour y loger les nombreux chevaux et carrosses du royaume. Aujourd'hui, c'est là que se trouve le musée des Carrosses. Il regroupe une somptueuse collection de véhicules : berlines de Napoléon Ier, carrosse du sacre de Charles X et char funèbre de Louis XVIII.

INFOS PRATIQUES
En tournant le dos au château, au niveau de la place d'Armes, on aperçoit de l'autre côté de l'avenue de Paris deux édifices en demi-lune : la Grande Écurie à gauche et la Petite Écurie à droite. Le musée des Carrosses se trouve dans une galerie de la Grande Écurie. La Petite Écurie est occupée aujourd'hui par les services de Restauration des musées de France.

Carrosse du sacre de Charles X, 1825.

Les écuries du Roi et de la cour

En 1682, Louis XIV s'installe définitivement à Versailles avec son gouvernement et sa cour. Afin de loger chevaux et équipages, l'architecte Jules Hardouin-Mansart édifie dès 1680 la Grande et la Petite Écurie. Ces deux bâtiments jumeaux font face au château. La Grande Écurie est destinée au dressage des chevaux ; on les prépare à la guerre ou à la chasse. Sous le règne de Louis XIV, on en dénombre plus de six cents. La Petite Écurie prend en charge les carrosses et les chevaux de trait qui servent à la vie quotidienne de la cour.

Qui vivait ici ?

Le maître des lieux, le grand écuyer, vivait dans la Grande Écurie, et le premier écuyer habitait et dirigeait la Petite Écurie. Tout le personnel nécessaire au bon fonctionnement des écuries avait un logement : les palefreniers nourrissaient et soignaient les chevaux ; les charrons fabriquaient les roues des carrosses ; les bourreliers confectionnaient les colliers, les selles et les courroies. Quant au maréchal de forge, il façonnait le fer à cheval qui protégeait les sabots des chevaux. Dans les bâtiments étaient également hébergés des pages, des domestiques et des musiciens.

Qu'est-ce qu'un page ?

C'est un jeune homme généralement issu d'une grande famille qui apprend, entre l'âge de douze et quinze ans, à devenir un officier de cavalerie. L'école des pages se trouvait dans les bâtiments de la Grande Écurie. On y enseignait l'art du dressage qui permettait au jeune cavalier de diriger et de maîtriser son cheval.

Un manège pour les spectacles

Sous Louis XIV, la Grande Écurie accueille souvent des fêtes, des représentations de comédie-ballet et des carrousels. Les carrousels sont des spectacles équestres où les seigneurs paradent en musique sur de magnifiques chevaux. En 1686 se déroule le carrousel des Amazones dans la grande cour où pour la première fois des femmes participent au cortège.

▲ La cour de la Grande Écurie.

Quelle est la fonction de ces grosses pierres ?

Les grosses pierres carrées qui se situent au sol entre les arcades des façades des écuries s'appellent des "montoirs". Ils permettent aux cavaliers de monter à cheval plus facilement.

LE COIN DES PETITS

Au-dessus de la grande porte d'entrée de la Grande Écurie, vous pouvez admirer avec les enfants trois chevaux élancés qui semblent sortir de la pierre.

▶ Pierre Granier (1635-1715), Jean Raon (1631-1707), tympan de la porte centrale de la Grande Écurie.

Le musée des Carrosses

Les deux mille voitures de la cour et du roi ont toutes disparu lors de la Révolution. En transformant le château en musée, Louis-Philippe rassemble à ses propres frais les voitures à valeur historique qui constituent la collection du musée des Carrosses. Les véhicules ont évolué au cours des siècles. Au XVIe siècle, les gens se déplacent dans des chariots très lents et inconfortables. Il faut plus de dix jours pour faire le voyage Paris-Lyon. Au XVIIe siècle, on voit apparaître les coches dépourvus de portières, puis les calèches pour la promenade ; viennent ensuite les carrosses sous Louis XIV. Au XVIIIe siècle, les berlines prennent la place des carrosses, car elles sont plus rapides et légères.

Des traîneaux pour l'hiver

Influencée par les pays du Nord, la cour de France utilise des traîneaux pour les promenades dans les jardins durant les mois d'hiver enneigés. Certains parcourent le Grand Canal du château lorsqu'il se transforme en patinoire. On en trouve en forme de conque, d'animaux, décorés de paysage exotique ou de paysage d'hiver. Celui-ci, en bois, est composé d'un léopard rugissant et d'une tête de loup.

Traîneau "au léopard", vers 1730.

Quel véhicule utilisait-on pour les trajets courts ?

La chaise à porteurs était utilisée à l'intérieur comme à l'extérieur du château. Les femmes de la cour se déplaçaient souvent en chaise à porteurs, elles évitaient ainsi d'abîmer leurs grandes robes avec la pluie, la boue ou le crottin de cheval.

▲ Berline de cérémonie : *"La Victoire"*, 1810.

À qui appartenait cette berline ?

Dans la galerie du musée, sept berlines appartenaient à Napoléon Ier. Celle-ci, à sept places, se nommait "La Victoire", et pouvait rouler de 4 à 15 km/h. Sur ses portières, l'aigle, symbole de Napoléon, rappelle la somptuosité des cortèges de la cour impériale. Ces berlines étaient d'une grande richesse et comportaient de nombreux accessoires : intérieur en satin ou en velours, vide-poches, marchepied, vitre coulissante, stores et porte-lanternes.

Comment nourrissait-on les chevaux ?

Contre les murs des écuries, les râteliers et les mangeoires en bois de chêne contenaient le fourrage qui constituait l'alimentation des chevaux.

LE COIN DES PETITS

Une voiture pour enfant ! Admirez la petite berline de Louis-Joseph de France, premier fils de Louis XVI. C'est l'unique voiture qui reste de l'ancienne collection de la cour de Versailles.

- Visite libre, audioguide
- Salles ouvertes par intermittence
- Visite conférence
- Visite conférence sur demande

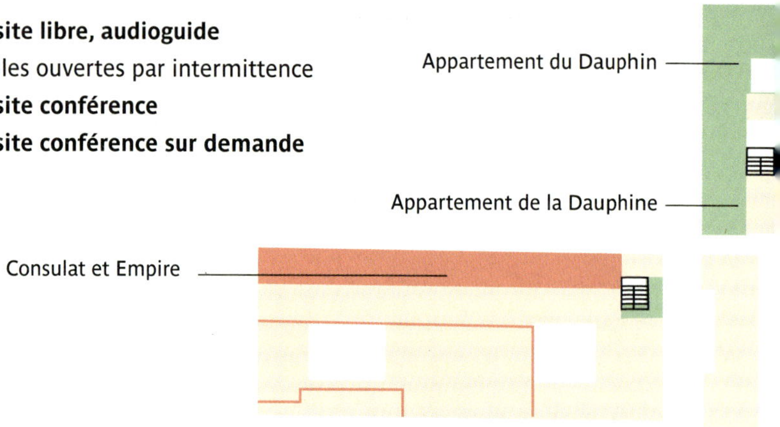

Rez-de-chaussée

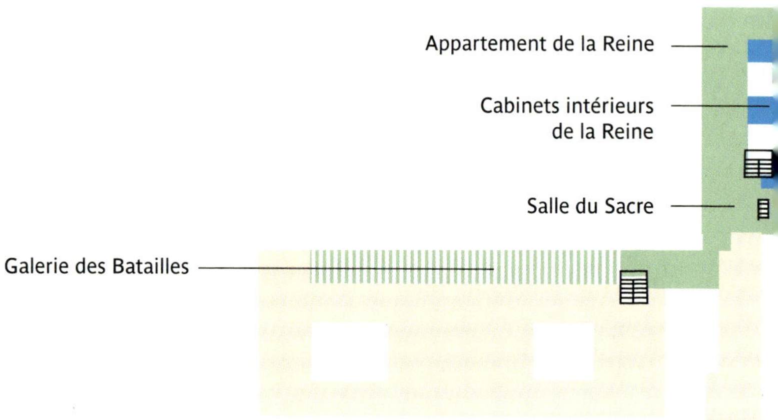

Premier étage

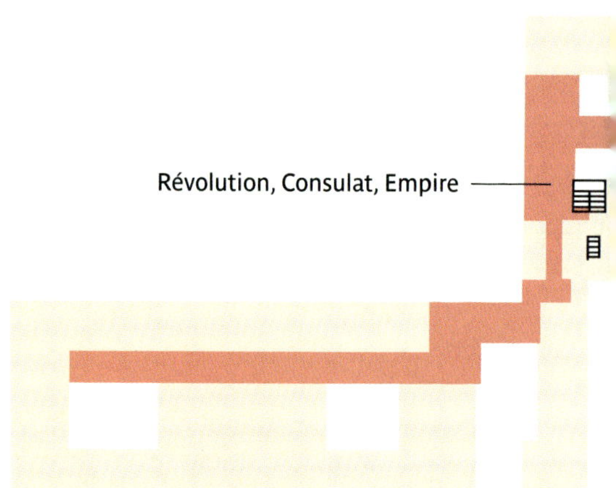

Deuxième étage